HARMONIA
Método Prático

(Acompanha link para acesso aos áudios)

IAN GUEST
1

Nº Cat.: HEMP1

Irmãos Vitale Editores Ltda.
vitale.com.br
Rua Raposo Tavares, 85 São Paulo SP
CEP: 04704-110 editora@vitale.com.br Tel.: 11 5081-9499

© Copyright 2009 by Irmãos Vitale Editores Ltda. - São Paulo - Rio de Janeiro - Brasil.
Todos os direitos autorais reservados para todos os países. *All rights reserved.*

CIP-BRASIL. CATALOGAÇÃO NA FONTE
SINDICATO NACIONAL DOS EDITORES DE LIVROS - RJ.

G968h
v.1

Guest, Ian, 1940-
   Harmonia, 1 : método prático / Ian Guest. - São Paulo : Irmãos Vitale, 2010.
   168p. : música

   Conteúdo: v.1. Vocabulário harmônico
   ISBN 978-85-7407-295-1

   1. Harmonia (Música) - Instrução e estudo.
   I. Título.

10-3700.   CDD: 781.4
                                                      CDU: 781.6

27.07.10   29.07.10   020478

Capa:
Bruno Liberati e Rui de Carvalho

Foto:
Frederico Mendes

Composição e diagramação:
Júlio César P. de Oliveira

Revisão geral:
Ricardo Gilly

Revisão de texto:
Nerval M. Gonçalves

Revisão musical:
Célia Vaz

Coordenação de produção:
Márcia Bortolotto

Músicos participantes:

fagote: Juliano Barbosa
flauta: Carlos Malta
piano: Gabriel Geszti
violão: Mauricio Carrilho

Gravação: Estúdio Fibra
Data de gravação: setembro/04
Técnico de gravação e mixagem: João Jacques
Assistente de gravação e mixagem: Daniel Zanata

"Artista e cientista têm a sua religião; os outros precisam de uma." – citação de Goethe por Freud

"Toda criança saudável improvisaria se lhe fosse permitido..." - Kodály

Quem se empanturra com o tira-gosto da música oferecida pelo comércio perde o apetite para fazer música.

IAN GUEST

Húngaro radicado no Brasil desde 1957. Bacharel em composição pela UFRJ e Berklee College of Music, USA. Compositor, diretor, arranjador em discos, teatro, cinema e publicidade. Precursor da didática aplicada à música popular e introdutor do Método Kodály de musicalização no Brasil. Professor visitante e de extensão em universidades. Professor/palestrante/oficineiro em festivais e escolas de música por todo o país. Fundador do Centro Ian Guest de Aperfeiçoamento Musical (CIGAM) no Rio de Janeiro (1987) e em Mariana, MG (2004). Autor de livros/CDs publicados pela Lumiar Editora: *Arranjo, método prático* em 3 volumes, *Harmonia, método prático* volumes 1 e 2, *16 estudos, escritos e gravados, para piano*. Colaborador das editoras Lumiar (Almir Chediak) e Terra dos Pássaros (Toninho Horta).

ROTEIRO

PREFÁCIO 8

MÚSICA: A SEGUNDA LÍNGUA A APRENDER 9

1ª PARTE - PRELIMINARES

A NOTAS - ESCALAS - INTERVALOS - TONS

1. **As notas musicais. Sua localização no teclado e representação na pauta** 13
   - Sinais de alteração 14
2. **Localização das notas no violão/guitarra** 16
3. **Tom e semitom** 17
4. **Escala maior** 18
5. **Intervalos** 20
6. **Ciclo das quintas** 24

B ACORDES. SUA ESTRUTURA E CIFRAGEM

1. **Definições** 26
2. **Tríades** 27
3. **Tétrades** 29
4. **Acordes de sexta** 31
5. **Acordes invertidos** 31

C MODAL X TONAL 36

2ª PARTE - VOCABULÁRIO HARMÔNICO

A HARMONIA NO TOM MAIOR

1. **Conceitos** 41
2. **Acordes diatônicos**
   - Tríades diatônicas 41
   - Tétrades diatônicas 46

3 Preparação dos graus

- Preparação dominante 51
- Dominante secundário 52
- Inversão e linha do baixo 56
- II V secundário 62
- Preparação diminuta 68
- Diminutos não-preparatórios 71
- Dominante substituto 78
- Resumo das preparações dos graus 85

B ESCALAS DE ACORDES

1 Generalidades e definições 86

- Critérios para a escolha das notas da escala de acorde 87
- Nomenclatura 87
- Construção da escala de acorde 88

2 As escalas dos acordes já estudados

- Acordes diatônicos 91
- Dominantes secundários 92
- Dominantes substitutos 94
- Acordes diminutos 96

C DOMINANTES ESTENDIDOS

1 Apresentação

- Origens 99
- Oito desenhos de dominantes estendidos 100
- O acorde de sétima e quarta V^7_4 ou $V^7(sus4)$ 103

2 Comentários

- Novo vocabulário 104
- Escalas de acordes 105

D CIFRAGEM: COMPROMISSO COM A SIMPLICIDADE

1 Inversão aparente

- A relação entre os acordes de 6ª e m7 110
- Acorde diminuto 110
- Dominantes substitutos 111

2 Dominantes disfarçados 112

E HARMONIA NO TOM MENOR

  1 Conceitos
   - Escalas menores 115
   - Tom menor 117

  2 Acordes diatônicos 118

  3 Preparação dos graus 120

RESOLUÇÃO DOS EXERCÍCIOS 128

FAIXAS DOS ÁUDIOS 160

ÍNDICE REMISSIVO 162

AGRADECIMENTOS 164

PREFÁCIO

Mesmo sem nunca ter estudado harmonia de forma convencional, acadêmica, através dos livros, sinto que, se o fizesse, poderia estar melhor preparado hoje para ter um entendimento mais completo da música e a possibilidade de executá-la da forma mais perfeita possível.

Na verdade, procurei sempre a liberdade musical. A harmonia, desde cedo, já nos anos 60, era como uma brincadeira: tudo que ouvia de música, da infância à adolescência, a partir de uma certa hora começava a jorrar através do violão, meu sentimento como forma de expressão maior.

Pelas canções próprias ou de outros compositores (principalmente da era da Bossa Nova), comecei naturalmente a harmonizar, com inspirações da modinha, congado mineiro, bolero cubano, música clássica, até às *big bands* americanas de *jazz*. Mesmo com tudo isto e mais a facilidade musical que Deus me proporcionou, acho que, muitas vezes ainda, sinto necessidade de organizar melhor a minha criatividade musical.

Vejo nesta nova obra didática, do mestre Ian Guest, uma possibilidade verdadeira do estudante ou profissional de música organizar seu pensamento harmônico-musical com criatividade. De forma absolutamente didática, clara e gradativa, os tópicos abordados, do conhecimento da notação musical na pauta e nos instrumentos musicais de base, o violão e o piano, até as substituições de acordes, progressões e harmonizações que facilitam o aprendizado do músico e oferecem uma completa visão do entendimento da harmonia em sua função prática.

Ao longo dos anos, tive contato com muitos livros estrangeiros de harmonia e improvisação de *jazz*, para ter uma idéia da intenção dos autores. Desde que tomei conhecimento desse *Método Prático de Harmonia*, posso considerar que os três volumes são essenciais à formação do músico contemporâneo, através da experiência e competência já comprovada de Ian Guest, um dos maiores mestres de música que já conheci.

Toninho Horta
06/12/2005

MÚSICA: A SEGUNDA LÍNGUA A APRENDER

Para se conquistar uma língua, é preciso curiosidade, vontade, garra e motivação (o bebê dispensa professor e leitura: a aquisição da língua materna é o nosso modelo brilhante). Com a língua da harmonia não será diferente. Aprende-se a nadar bebendo água, a andar de bicicleta levando tombo, a dirigir carro derrubando portão, a tocar acordes certos tocando os errados. Música só é produto final para o ouvinte, não para quem nela participa. É corredeira que atrai o mergulhador, aventura que intriga o corajoso (só se cobra coragem onde houver risco). Será que a atividade do músico se resume em aprender, por memória ou leitura, a executar músicas? Ensinar seria somente informar e treinar? Não basta. Antes, é preciso motivar a cantar e "tirar som" no instrumento: será a fonte da criatividade.

Dentro da língua da música, a harmonia é um dialeto à parte, a ser conquistado. Os vocábulos são os acordes e, uma vez descobertos, são adotados na linguagem (acordes imitados, lidos, copiados ou informados não serão incorporados.) O enriquecimento do vocabulário se desenvolve através da prática contínua de harmonizar músicas por ouvido ("jogar a mão sobre o instrumento para ver o que acontece", "arriscar uns acordes"). A percepção da harmonia está interligada com a riqueza do vocabulário de cada um, pois só "entendemos" o que fazemos. Liberdade criativa se conquista ao inventar, improvisar ou compor. O trinômio vocabulário/percepção/liberdade resulta no domínio da harmonia e, obviamente, cada pessoa deve dar ênfase à atividade da qual mais carece. Tocar músicas dos outros desenvolve o vocabulário (pois nos obriga a encontrar acordes ainda não empregados); por outro lado, tocar músicas de autoria própria desenvolve a liberdade. É necessário combinar riqueza de vocabulário e liberdade, e não depender só de leitura (ela poderá aposentar o ouvido).

O estudo da harmonia (pelos veículos da notação e audição, através de demonstração, análise, harmonização e percepção) leva à compreensão e ao enriquecimento de uma linguagem desde que ela já esteja em fase de aquisição. Este livro oferece esses aspectos: todo o vocabulário, organizado em tópicos por ordem progressiva, é demonstrado, comentado e analisado, e o leitor é induzido a colocá-lo em prática e identificá-lo pela audição. Os 180 exercícios (a maioria com a chave de resolução no fim), os 130 trechos de exemplos gravados nos áudios de cada volume, inclusive os para percepção, os 220 títulos de músicas do repertório popular brasileiro colocados ao fim de cada capítulo como sugestão para o treino, além de um índice remissivo dos termos usados – encontrados nos dois volumes –, são ferramentas indispensáveis de reforço.

Os volumes 1 e 2 são dedicados à harmonia tonal, toda organizada, delimitada e codificada. Formam uma só unidade, em dois estágios: 1/ vocabulário harmônico e 2/ progressão harmônica. Ambos são separados pela apresentação das funções harmônicas. O volume 3 irá abordar rearmonização (o descarte da harmonia convencional e sua substituição por outra que a música talvez não peça mas agradece) e modalismo (o reverso do tonalismo, rompimento com as funções preparação/resolução, além de trabalhar com certas notas apenas, não com todas as 12).

O principal desafio na preparação deste livro, sem dúvida, foi organizar os tópicos em ordem didática e encontrar exemplos apropriados para cada situação. A terminologia procura ser a mais simples possível, cortando os caminhos do labirinto da formação escolar e trazendo, assim, a compreensão da harmonia popular ao alcance dos que a ela mais se dedicam: os músicos "de ouvido", do quintal, da seresta (razão pela qual os exemplos são gravados, além de anotados). Por outro lado, mostra a possibilidade de uma exposição prática e informal aos músicos e educadores da jornada acadêmica. Pela simplicidade da abordagem (no índice remissivo há apenas 105 verbetes), seja escusada a ausência de citação bibliográfica.

o autor

1ª PARTE

PRELIMINARES

A ◆ NOTAS - ESCALAS - INTERVALOS - TONS

1 As notas musicais. Sua localização no teclado e representação na pauta

Conhecer as notas no teclado é indispensável, pois o teclado representa e esclarece toda a estrutura musical básica.

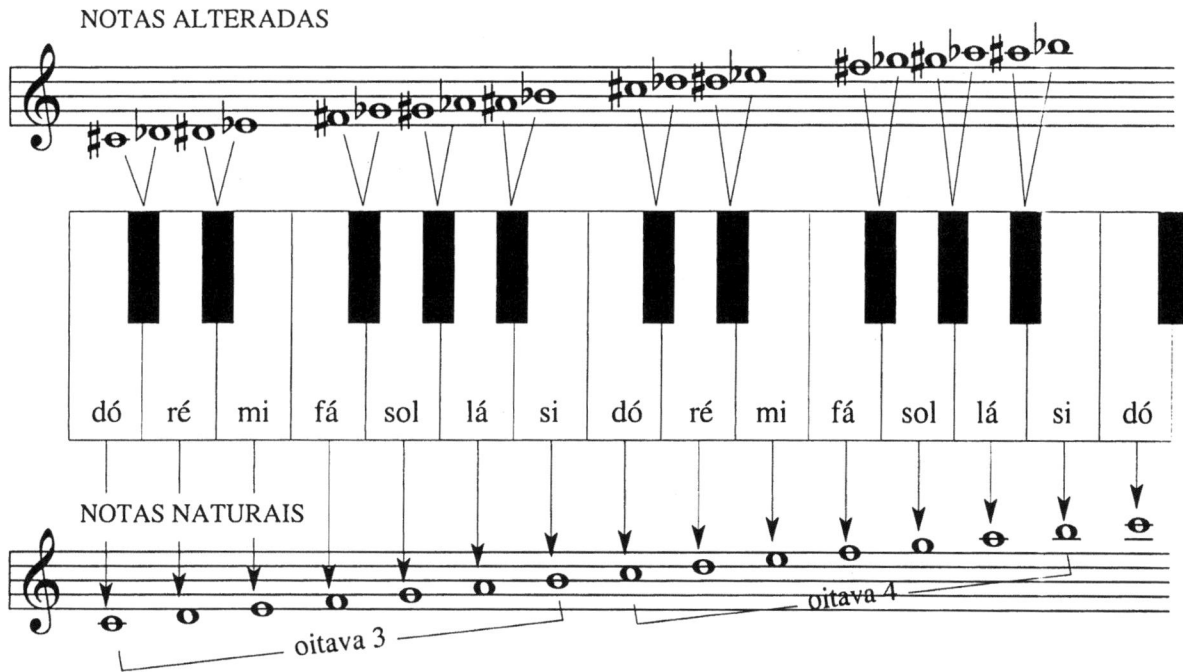

Obs.: si♯ ocupa o lugar de dó, mi♯ de fá, dó♭ de si e fá♭ de mi.

As sete notas naturais, dó-ré-mi-fá-sol-lá-si, são as teclas brancas e formam uma *oitava*. As sete oitavas mais usadas são numeradas para fácil localização de todas as notas da gama musical. Cada nota recebe o número da oitava em que se encontra. Por exemplo: o "dó central" é dó 3.

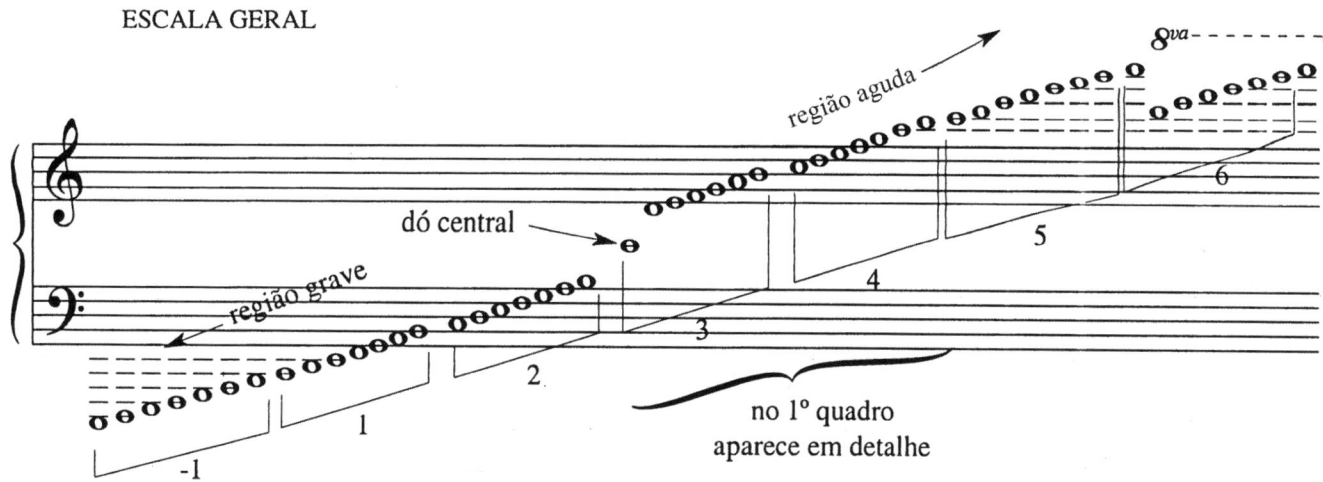

A clave de sol, como o nome indica, designa a nota sol (mais precisamente o sol 3 situado sobre a 2ª linha), e as demais notas são deduzidas a partir dela. A clave de sol é responsável pelas notas da região aguda, a qual iremos usar em nossos estudos de harmonia. A clave de fá será usada para as notas do baixo.

■ Sinais de alteração

Sustenido: eleva a nota natural à próxima nota:

sol   sol sustenido

Bemol: abaixa a nota natural à próxima nota:

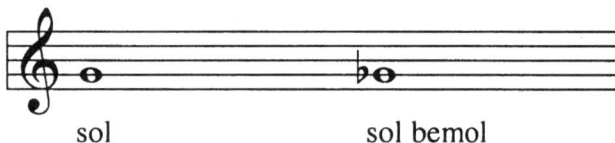

sol   sol bemol

Bequadro: anula o efeito do ♯ ou ♭:

sol sustenido   sol bequadro   lá bemol   lá bequadro

Dobrado sustenido: eleva a nota ♯ à próxima nota:

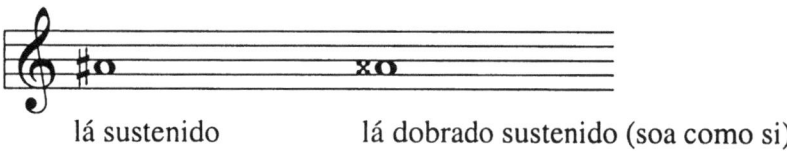

lá sustenido   lá dobrado sustenido (soa como si)

Dobrado bemol: abaixa a nota ♭ à próxima nota:

sol bemol   sol dobrado bemol (soa como fá)

Observações:

1. O bequadro também anula o efeito dos dobrados sustenido e bemol.

2. Se uma nota com dobrado sustenido ou dobrado bemol vem seguida pela mesma nota com sustenido ou bemol respectivamente, dispensar o uso do bequadro:

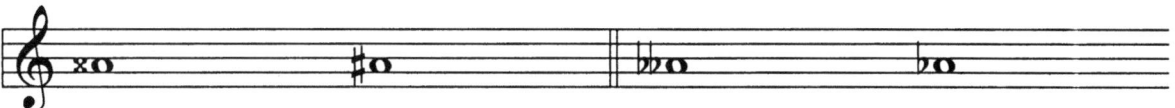

3. Os bemóis e sustenidos são, em geral, teclas pretas, exceto si♯ (soa como dó), mi♯ (soa como fá), dó♭ (soa como si), fá♭ (soa como mi). Confira no 1º quadro.

Exercício 1 Visualize e memorize a localização das notas no teclado. (Exercite até aprender, pois a construção mental das escalas, intervalos e acordes será incomparavelmente mais fácil através da imagem das teclas, independentemente do instrumento que você toque.)

Exercício 2 Escreva o nome por cima de cada nota:

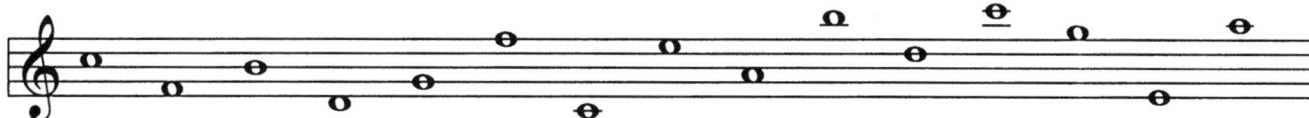

Exercício 3 Transcreva as notas da oitava 3 para a oitava 4 e vice-versa:

Exercício 4 Transcreva a melodia da oitava 3 para a oitava 4:

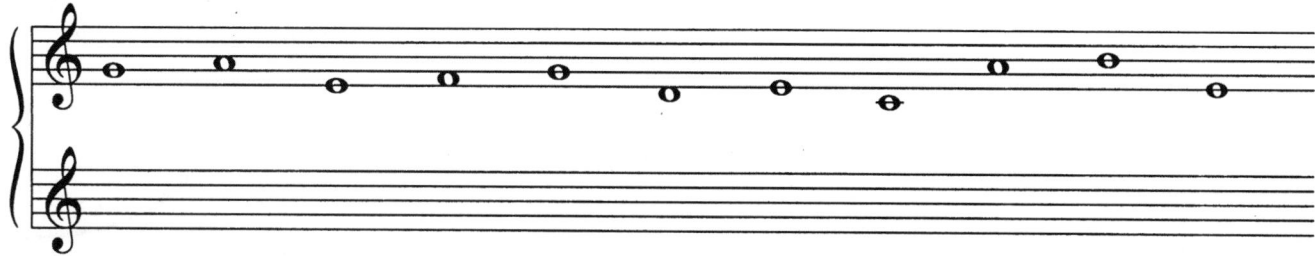

Exercício 5 Transcreva a melodia da oitava 4 para a oitava 3:

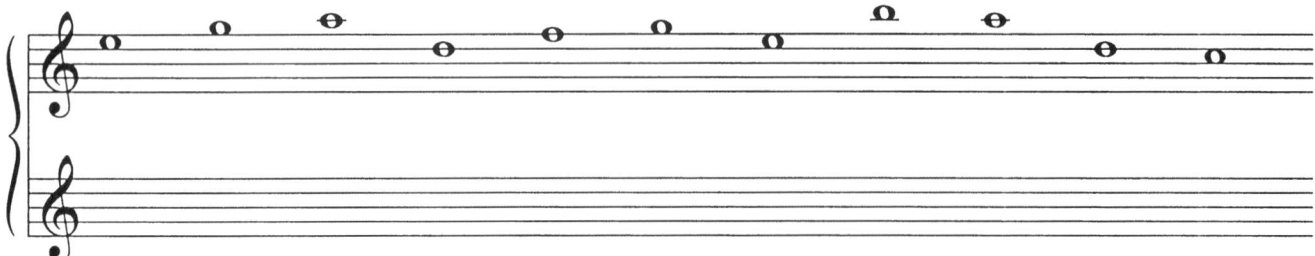

Exercício 6 Em que oitava se encontra esta nota?

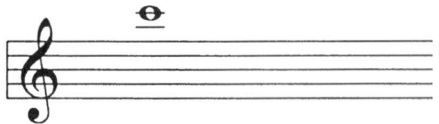

2 Localização das notas no violão/guitarra

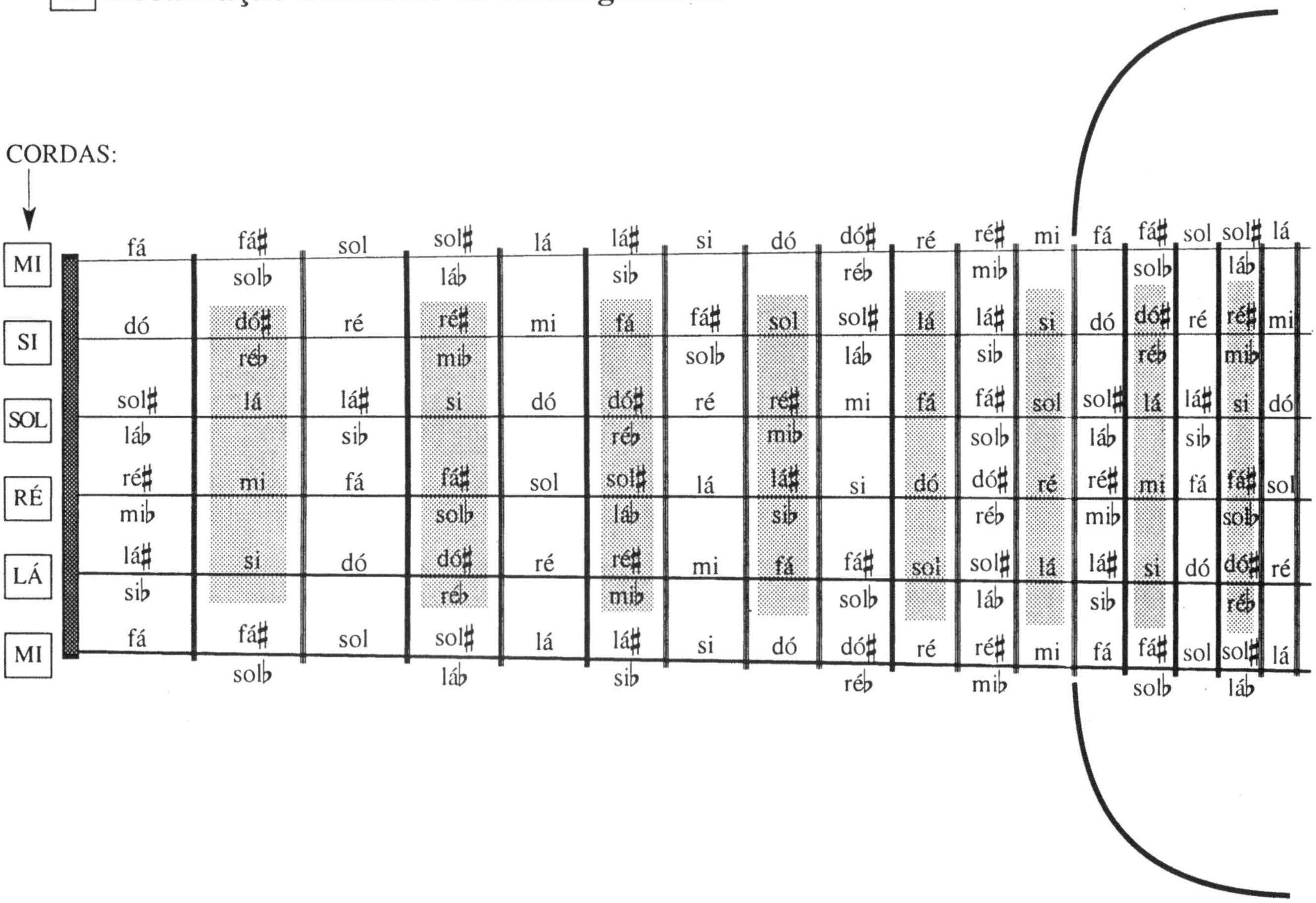

CORDAS:

Cordas															
MI		fá	fá# / solb	sol	sol# / láb	lá	lá# / sib	si	dó	dó# / réb	ré	ré# / mib	mi	fá	fá# / solb	sol	sol# / láb	lá
SI		dó	dó# / réb	ré	ré# / mib	mi	fá	fá# / solb	sol	sol# / láb	lá	lá# / sib	si	dó	dó# / réb	ré	ré# / mib	mi
SOL		sol# / láb	lá	lá# / sib	si	dó	dó# / réb	ré	ré# / mib	mi	fá	fá# / solb	sol	sol# / láb	lá	lá# / sib	si	dó
RÉ		ré# / mib	mi	fá	fá# / solb	sol	sol# / láb	lá	lá# / sib	si	dó	dó# / réb	ré	ré# / mib	mi	fá	fá# / solb	sol
LÁ		lá# / sib	si	dó	dó# / réb	ré	ré# / mib	mi	fá	fá# / solb	sol	sol# / láb	lá	lá# / sib	si	dó	dó# / réb	ré
MI		fá	fá# / solb	sol	sol# / láb	lá	lá# / sib	si	dó	dó# / réb	ré	ré# / mib	mi	fá	fá# / solb	sol	sol# / láb	lá

Representemos, por exemplo, as notas da corda lá na pauta:

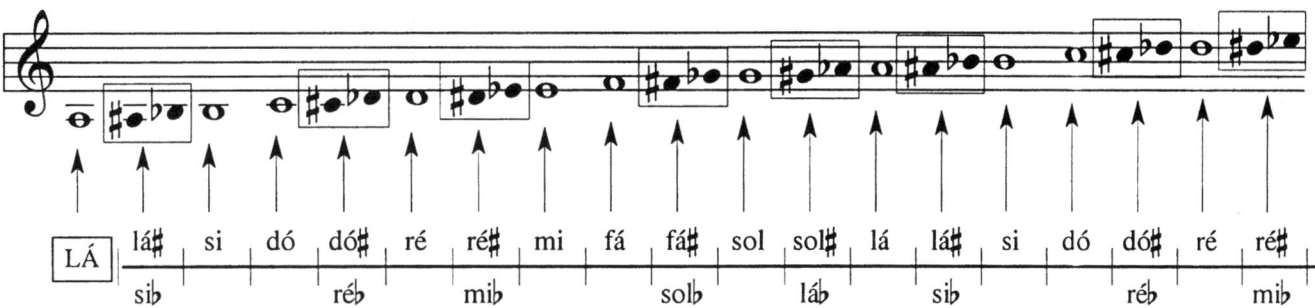

As notas são escritas a partir de lá 2 até mi♭4, mas vão soar uma oitava abaixo (é costume escrever para o violão/guitarra uma oitava acima do som real para que possa tudo caber na clave de sol). Assim sendo, as cordas do violão são anotadas

Observação: É difícil conhecer a localização das notas no braço do violão, caso você não toque por leitura. Leia cifras pensando nas *notas* tocadas, e não tardará a identificá-las visualmente. E não esqueça: a visão do teclado oferece grande ajuda na construção mental dos intervalos, acordes e escalas. Fato curioso: o teclado revela melhor o visual das *notas* e o violão o dos *acordes*. Já no piano é mais difícil "enxergar" os acordes e no violão as notas.

3 | Tom e semitom

Semitom ou *meio-tom* é a distância entre duas notas vizinhas (no teclado corresponde a teclas vizinhas, no violão a trastes vizinhos):

Tom ou *tom inteiro* é a distância entre duas notas separadas por uma única nota:

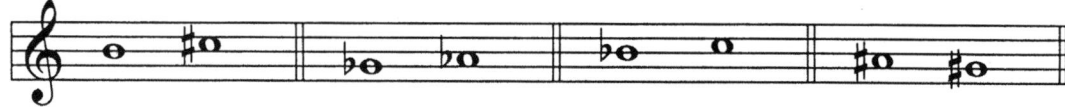

Exercício 7 Assinale se as distâncias são de tom ou semitom:

Exercício 8 Escreva as distâncias ascendentes ou descendentes pedidas:

Observação: Não confundir tom e semitom (meras distâncias entre notas) com intervalos (ver mais adiante).

4 Escala maior

Quando começa em *dó*, é feita somente de notas naturais (os sete graus são indicados por cima):

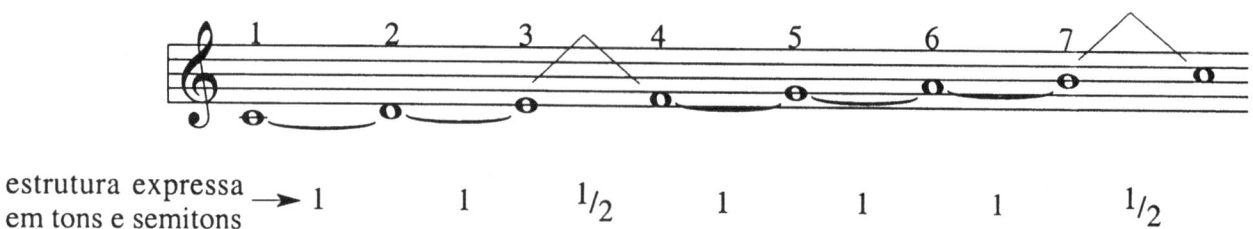

A estrutura acima será constante em qualquer escala maior e, para conservá-la, usaremos sinais de alteração:

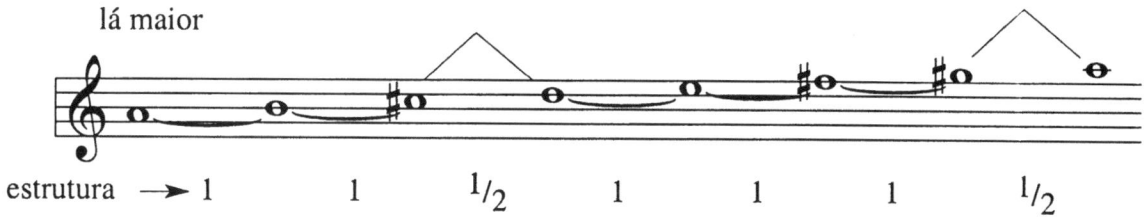

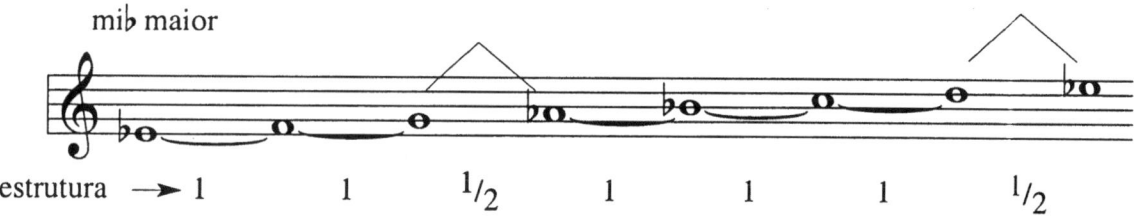

A 1ª nota da escala é denominada *tônica*. Ela dá nome à escala.

Exercício 9 Escreva as escalas maiores de *mi* e *si♭*.

Exercício 10 Escreva a escala maior cujas notas e graus são indicados:

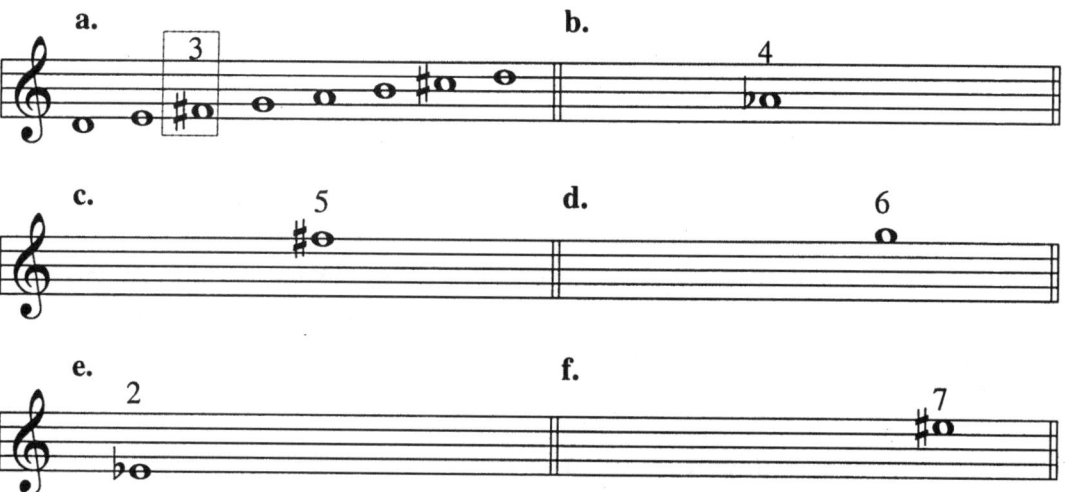

Notaremos que as escalas utilizam apenas os sustenidos ou apenas os bemóis, e que os dois tipos de alteração jamais se misturam numa mesma escala. Sendo assim, o *nome* de cada nota (dó, ré, mi etc.) ocorrerá apenas uma vez, não havendo *nome* repetido ou omitido. Verifique nas escalas elaboradas nos exercícios 9 e 10.

Exercício 11 Toque no teclado ou no violão qualquer escala maior, observando a estrutura 1 1 $^1/_2$ 1 1 1 $^1/_2$ e dizendo simultaneamente o nome das notas. Começe em dó, réb, ré, mib, mi, fá, fá#, sol, láb, lá, sib, si.

5 Intervalos

A distância entre duas notas é chamada *intervalo*. Eis os intervalos que as notas da escala maior fazem com a tônica da escala (1ª nota):

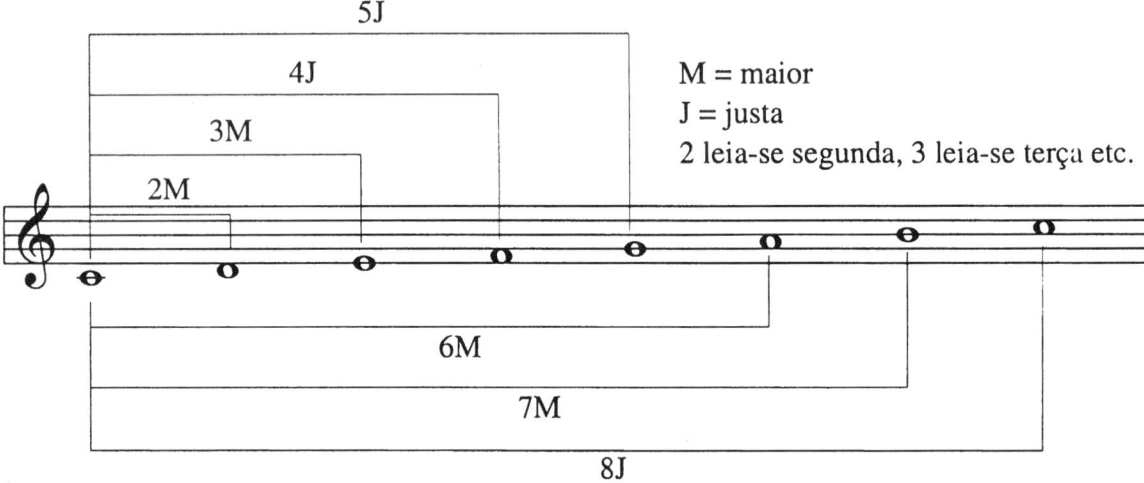

Os intervalos classificam-se em duas categorias:

a) maiores (**M**) e menores (**m**): 2ª 3ª 6ª 7ª
b) justos (**J**): 1ª 4ª 5ª 8ª

Todos os intervalos podem ser aumentados (aum) ou diminutos (dim). Na prática, entretanto, os intervalos abaixo são os mais usados, aparecendo entre parênteses os de pouco uso, mais comuns apenas em sua notação *enarmônica* (som igual, nome diferente):

1J - 2m - 2M - 2aum - 3m - 3M - 4J - 4aum - 5dim - 5J - 5aum - 6m - 6M - 7dim - 7m - 7M - 8J - (3dim) - (4dim) - (6aum)

A seguir, construiremos cada intervalo ascendente a partir da nota dó 3; em outra linha, examinaremos a relação intervalar das notas resultantes com a nota dó 4, oitava acima. Esses intervalos são descendentes e considerados *inversões* dos intervalos originais ascendentes:

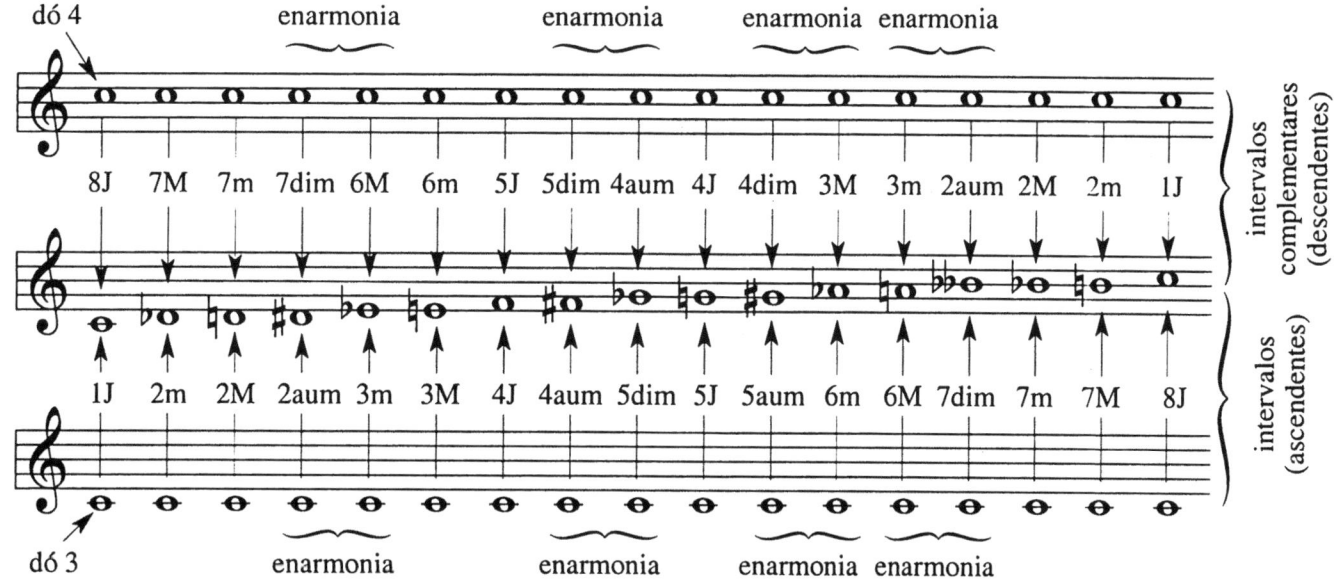

Para se calcular a inversão de um intervalo, apresentam-se as três *regras básicas*:

1. a inversão de J é J (por exemplo, 4J – 5J)
   a inversão de M é m (por exemplo, 7M – 2m)
   a inversão de aum é dim (por exemplo, 4aum – 5dim)
2. intervalo + sua inversão = nove (por exemplo, a 6ª com a 3ª somam, matematicamente, *nove*, mas musicalmente *oito* → uma oitava)
3. as inversões de dois intervalos enarmônicos (som igual com nome diferente) são dois intervalos enarmônicos (por exemplo, 7dim e 6M são inversões de 2aum e 3m, respectivamente)

Regras práticas para calcular os intervalos mais usados:

– inicialmente, calcular o número (por ex.: ré – lá ascendente é 5ª, pois são cinco notas envolvidas: ré mi fá sol lá). Se é M, m, J, aum ou dim, passa a ser preocupação posterior.
– 2m = 1/2 tom
– 2M = 1 tom
– 3m = 1 1/2 tom
– 3M = 2 tons
– cálculo de 4ª ou 5ª: entre duas notas naturais, todas as 4ª ascendentes são justas, exceto fá – si (aumentada), e todas as 5ª ascendentes são justas, exceto si – fá (diminuta).
– a 6ª e a 7ª devem ser calculadas à base da inversão (por ex.: 6M ascendente de lá = 3m descendente, ou seja, fá♯).

Exercício 12 Identifique os intervalos:

Exercício 13 Escreva os intervalos ↑ ou ↓ indicados:

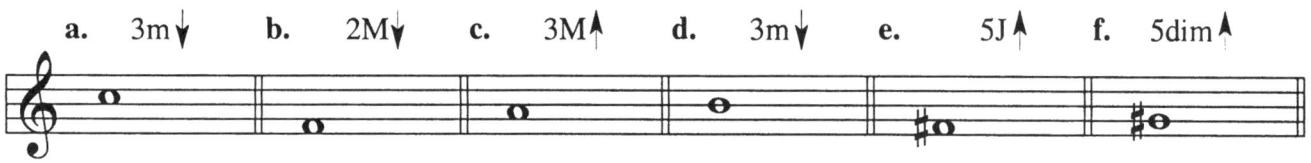

Exercício 14 A 1ª nota da linha vazia dá a relação intervalar com a melodia dada. Preencha a linha, guardando a mesma relação, pensando "verticalmente". Conserve a relação das oitavas (distância real).

a.

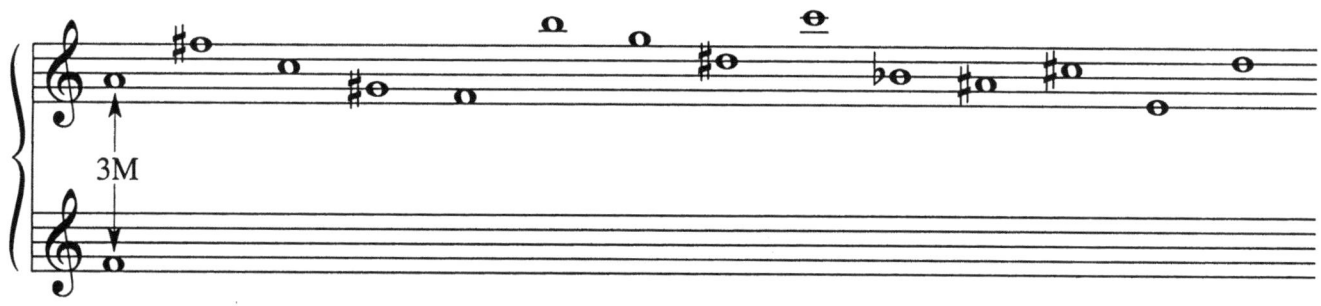

b.

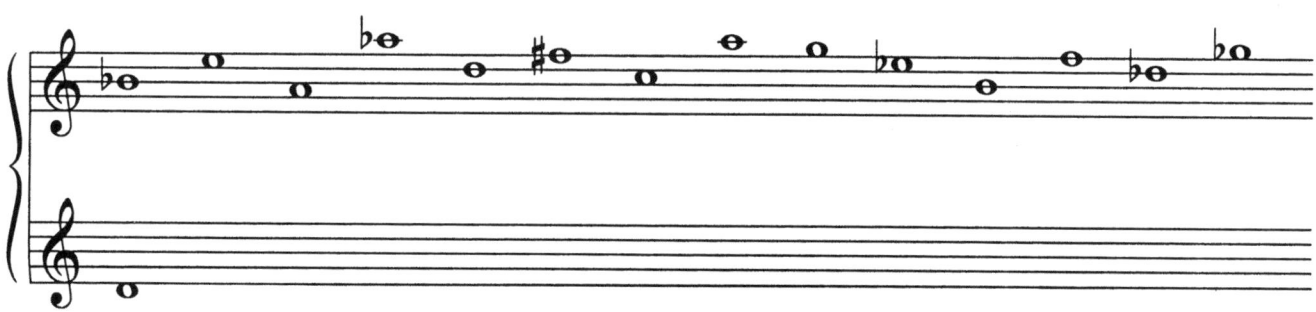

c.

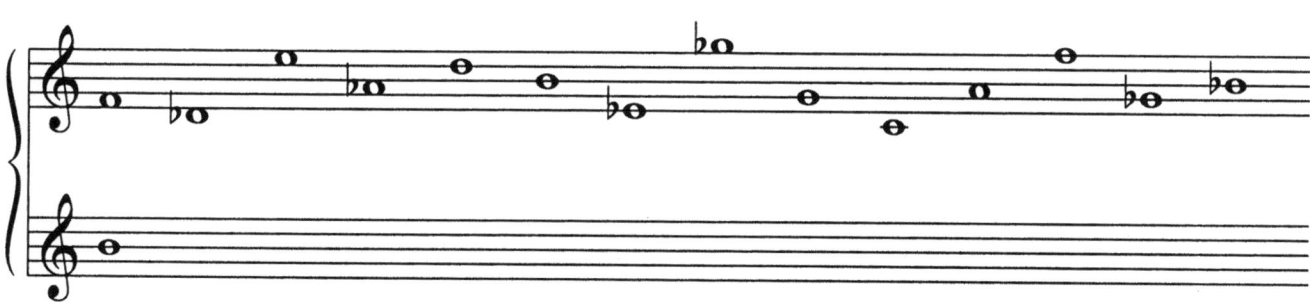

6 Ciclo das quintas

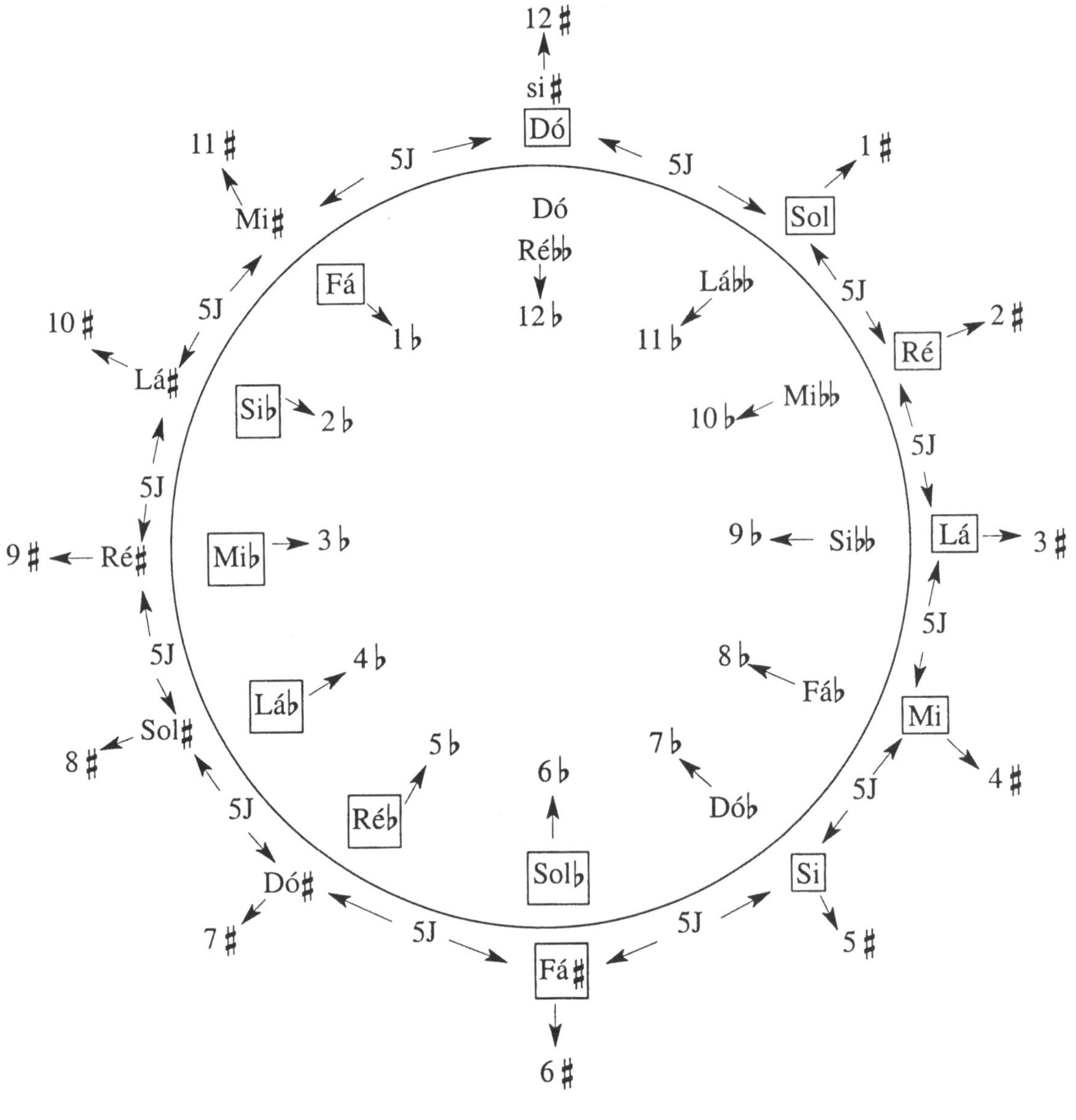

As 12 notas organizadas em série onde notas adjacentes são separadas pelo intervalo de 5J formam o *ciclo das quintas*:

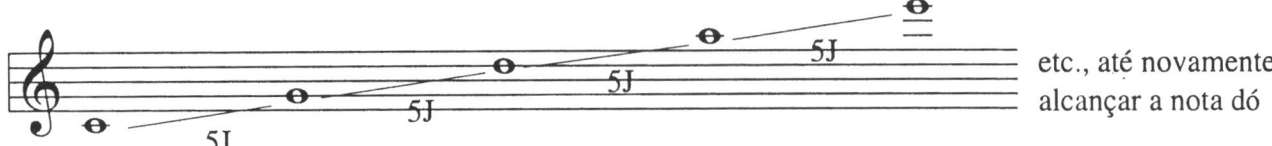

etc., até novamente alcançar a nota dó

O ciclo das quintas permite calcular o número de acidentes (armadura) das tonalidades (escalas) maiores. Dó maior não tem acidentes, sol maior tem 1 ♯, ré maior tem 2 ♯ etc. Partindo para o lado esquerdo, isto é, em 5J descendentes, fá maior tem 1♭, si♭ maior tem 2 ♭ etc. Observa-se no quadro que o número de acidentes vai a 12 ♯ e 12 ♭, não sendo necessário usar tonalidades com mais de 6 acidentes, visto que acima de 6 ♯ há um tom enarmônico com bemóis em número menor que o de sustenidos e acima de 6 ♭ há um tom enarmônico com sustenidos em número menor que o de bemóis (as notas externas e internas do círculo são enarmônicas e, portanto, as tonalidades também o são). No quadro, as tonalidades maiores a serem usadas (tons práticos) estão dentro de um retângulo (Ré).

Em relação ao ciclo das quintas, cabem ainda os seguintes comentários:

a) o lado externo do círculo (número crescente de ♯) segue a direção horária e o lado interno (número crescente de ♭) a anti-horária

b) a soma dos acidentes de dois tons enarmônicos é 12 (por exemplo, mi♭ maior [3♭] com ré♯ maior [9♯] = 12)

c) para definir as armaduras dos tons maiores, devemos *decorar* dois pares de seqüência de notas, ambos tirados do ciclo das quintas:

1. quantos acidentes há?

	1	2	3	4	5	6	7
♯	sol	ré	lá	mi	si	fá♯	dó♯
♭	fá	si♭	mi♭	lá♭	ré♭	sol♭	dó♭

2. quais são os acidentes? (ordem dos acidentes)

♯	fá♯	dó♯	sol♯	ré♯	lá♯	mi♯	si♯
♭	si♭	mi♭	lá♭	ré♭	sol♭	dó♭	fá♭

ou seja:

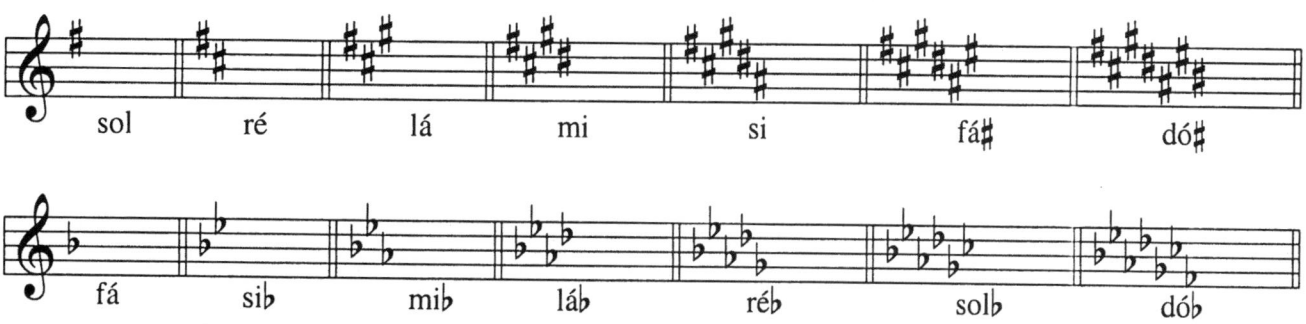

Exercício 15 Escreva todas as escalas maiores. Escreva cada escala duas vezes. Na 1ª versão, use acidentes locais (aplicando os sinais de alteração antes da respectiva nota). Na 2ª versão, coloque a armadura no início da pauta. Observe em cada escala que as notas alteradas são as mesmas em ambas as versões. Siga a ordem crescente dos ♯ (de 1 a 7) e depois a ordem crescente dos ♭ (de 1 a 7), conforme o ciclo das quintas.

Observação: o acidente local só é válido no compasso e na altura em que é aplicado; a armadura é válida por uma linha inteira da pauta e em todas as oitavas.

Exercício 16 Faça a armadura dos tons maiores pedidos:

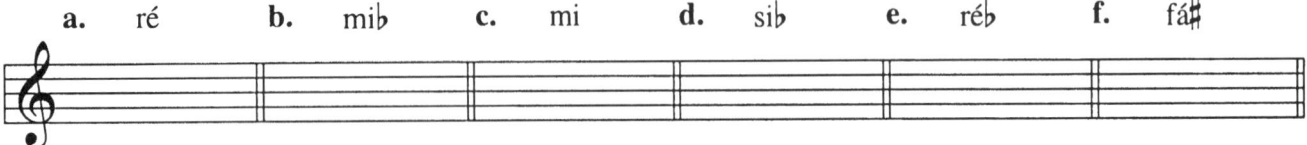

Exercício 17 Escreva os tons maiores a que correspondem às armaduras:

B ◆ ACORDES. SUA ESTRUTURA E CIFRAGEM

1 Definições

Três ou mais notas separadas por terças e tocadas simultaneamente formam o *acorde*. (Alguns instrumentos que produzem acordes: piano, teclado, acordeon, violão, guitarra, cavaquinho, banjo, harpa, vibrafone, xilofone, órgão etc.)

O acorde de três notas chama-se *tríade* e o de quatro notas *tétrade*. Outras notas podem ser acrescentadas ao acorde para enriquecer o seu som.

O símbolo do acorde é a *cifra*, feita de uma letra maiúscula e complemento. As letras maiúsculas são as primeiras sete letras do alfabeto, representando as notas lá si dó ré mi fá sol respectivamente: lá = A si = B dó = C ré = D mi = E fá = F sol = G. A *letra* da cifra designa a nota fundamental do acorde, ou seja, a nota mais grave, a partir da qual o acorde é construído numa sucessão de terças superpostas. Se essa nota for alterada, o sinal da alteração aparece ao lado direito da letra: si bemol = B♭, sol sustenido = G♯ etc. O *complemento* representa (através de números, letras e símbolos) a estrutura do acorde; indica os intervalos característicos formados entre a nota fundamental e as demais notas do acorde. Para representar as diferentes estruturas, anotaremos os acordes em sua forma mais sintética: terças superpostas a partir da nota fundamental:

Na prática, as notas são tocadas em posições variadas (não indicadas na cifra) e o instrumentista adquire a habilidade de formá-los e conduzi-los. Alguns exemplos de **A7**:

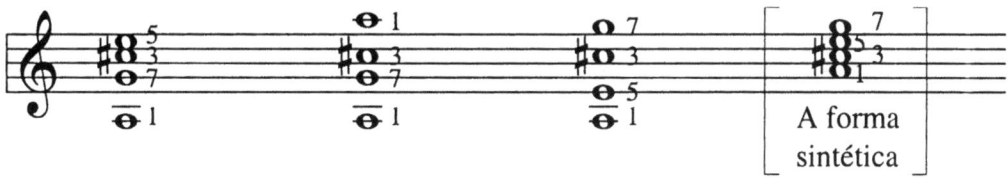

2 | Tríades

a) Letra maiúscula sem complemento representa a *tríade maior*, cuja estrutura é:

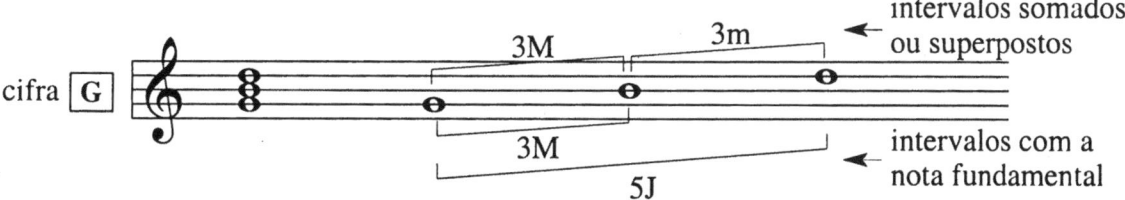

b) Letra maiúscula com **m** minúsculo representa a *tríade menor*, cuja estrutura é:

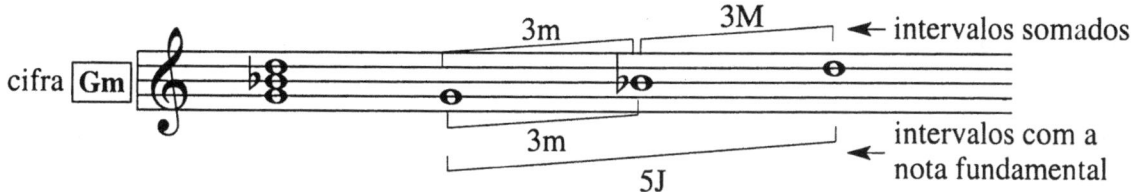

c) Letra maiúscula seguida de ⃞○ ou ⃞dim representa a *tríade diminuta*, cuja estrutura é:

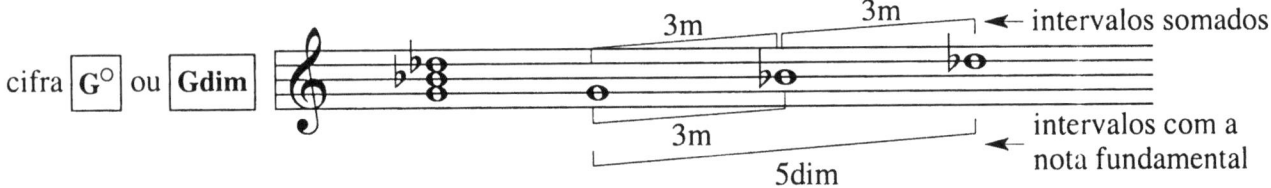

d) Letra maiúscula seguida de ⃞+ ou ⃞aum representa a *tríade aumentada*, cuja estrutura é:

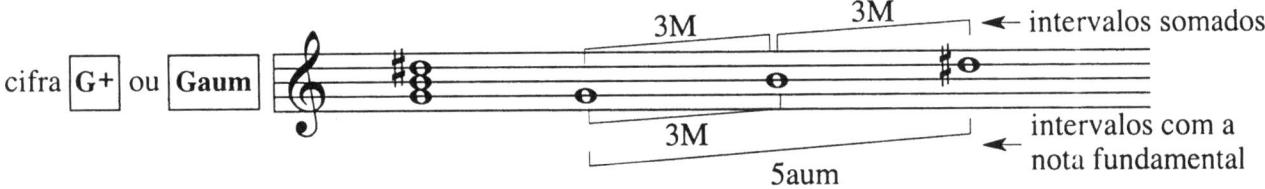

Exercício 18 Escreva as cifras sobre os acordes:

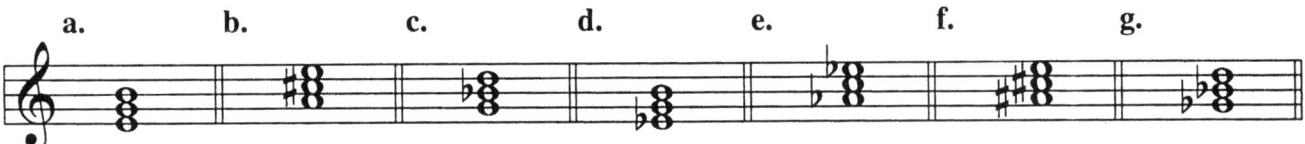

Exercício 19 Escreva os acordes representados pelas cifras:

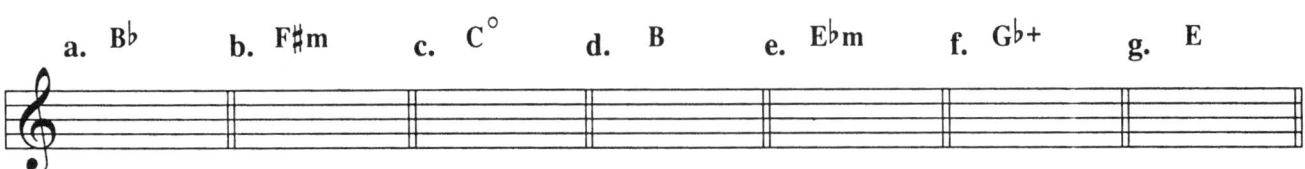

3 Tétrades

sétima maior

G7M ou Gmaj7

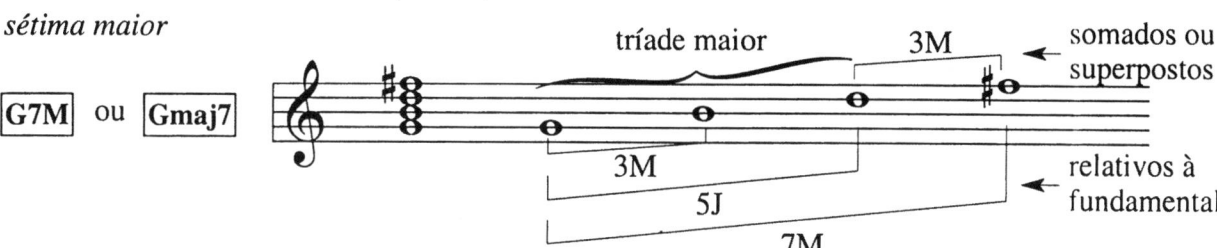

sétima ou sétima dominante

G7

somados: tríade maior + 3m

relativos à fundamental: 3M 5J 7m

menor com sétima

Gm7 ou G-7

somados: tríade menor + 3m

relativos à fundamental: 3m 5J 7m

menor com sétima e quinta diminuta (ou meio-diminuto)

Gm7(♭5) ou G^ø

somados: tríade diminuta + 3M

relativos à fundamental: 3m 5dim 7m

diminuto ou sétima diminuta

G° ou Gdim

somados: tríade diminuta + 3m
ou 3m + 3m + 3m

relativos à fundamental: 3m 5dim 7dim

Observe: cifra igual à tríade diminuta, pois a tríade diminuta é, na prática, de pouquíssimo uso. É comum encontrarmos a tétrade diminuta cifrada como **dim7**, mas, como vimos, é dispensável.

sétima com quinta diminuta

G7(♭5)

somados: tríade maior com 5ª dim + 3M

relativos à fundamental: 3M 5dim 7m

sétima com quinta aumentada

G7(♯5)

somados: tríade aumentada + 3dim

relativos à fundamental: 3M 5aum 7m

sétima maior com quinta aumentada

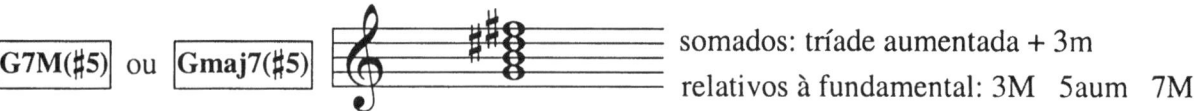

somados: tríade aumentada + 3m
relativos à fundamental: 3M 5aum 7M

menor com sétima maior

somados: tríade menor + 3M
relativos à fundamental: 3m 5J 7M

A cifragem e nomenclatura das nove tétrades acima, as mais freqüentes, implicam 3M 5J 7m quando anotado somente o número 7 ao lado da letra maiúscula: **G7**. Qualquer alteração deve aparecer na cifra e no nome. Verifique você mesmo.

Exercício 20 Escreva as cifras corretas por cima dos acordes:

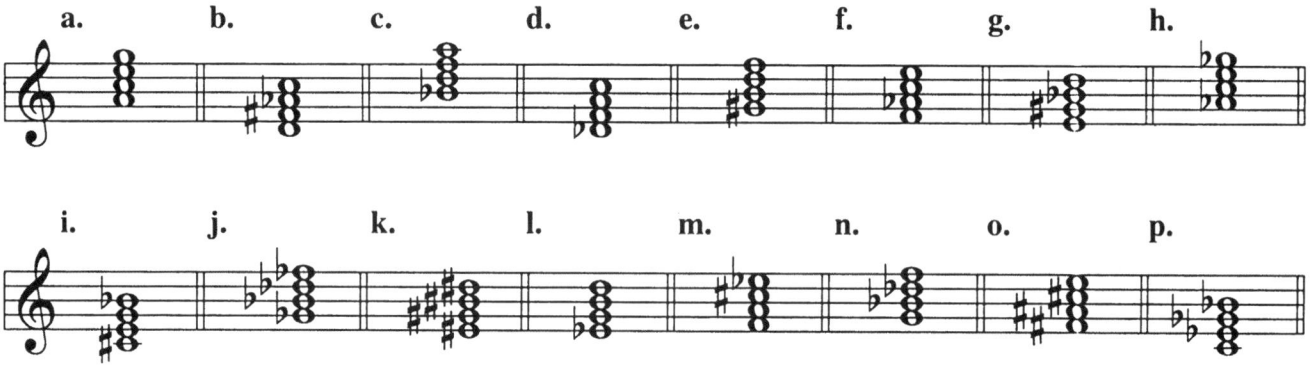

Exercício 21 Escreva os acordes representados pelas cifras:

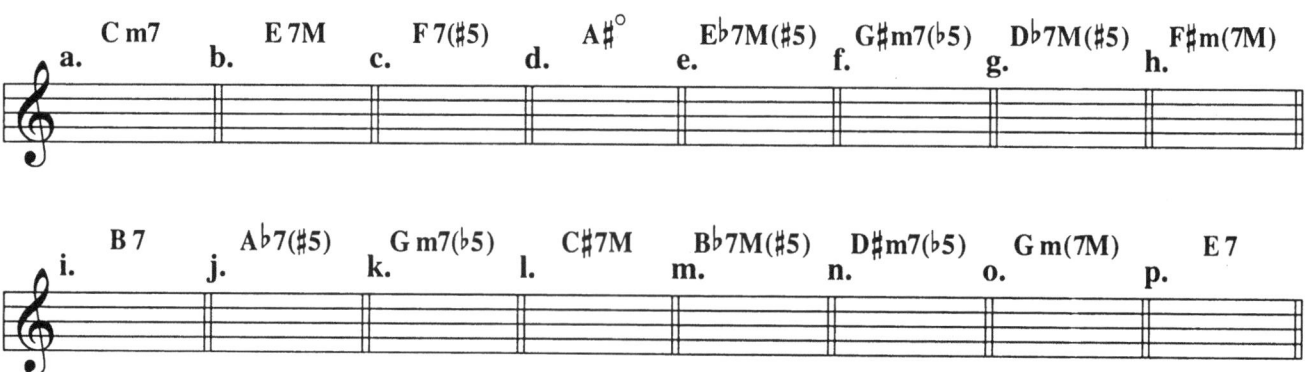

4 Acordes de sexta

Além das tríades e das tétrades, há acordes de sexta. São tríades maiores e menores com 6M acrescentada (acordes de quatro sons também).

sexta

 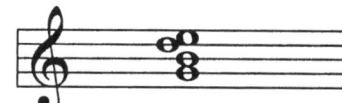

somados: tríade maior + 2M

relativos à fundamental: 3M 5J 6M

menor com sexta

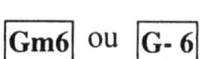 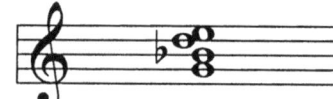

somados: tríade menor + 2M

relativos à fundamental: 3m 5J 6M

Exercício 22 Escreva as cifras sobre os acordes:

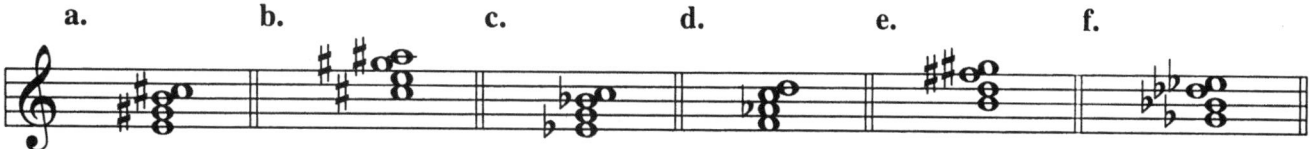

Exercício 23 Escreva os acordes representados pelas cifras:

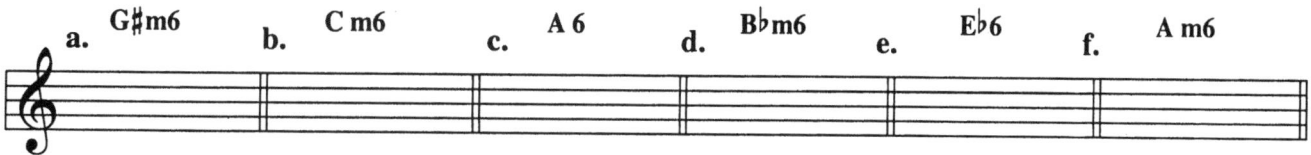

5 Acordes invertidos

Quando a nota fundamental deixa de ser a nota mais grave do acorde, trata-se de acorde *invertido*. Na cifra, coloca-se em destaque a nota mais grave, que passará a ser o *baixo* do acorde.

a) A tríade tem duas inversões:

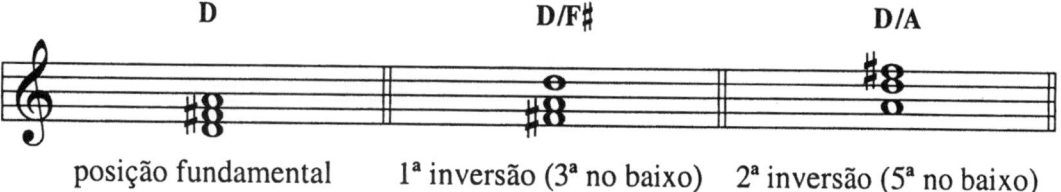

b) A tétrade tem três inversões:

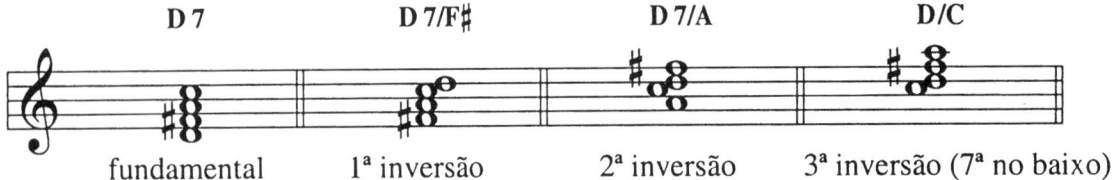

Observe a ausência do 7 em **D/C**: como o baixo **dó** já é a 7ª do acorde, **D7/C** seria redundante.

c) O acorde de sexta tem duas inversões, a exemplo da tríade:

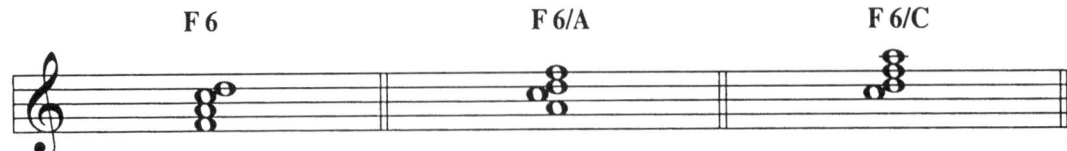

Observe: A 3ª inversão do acorde de sexta resulta em tétrade diferente na posição fundamental, soando como tétrade:

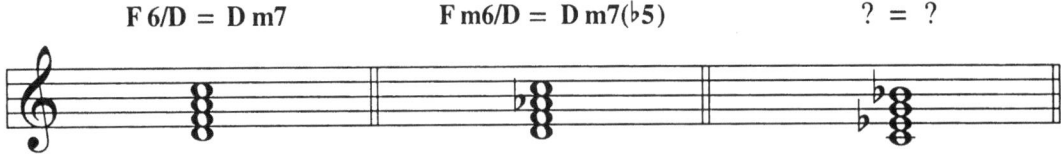

Inversões de acordes de sexta coincidem com outras inversões de tétrades e a cifragem é escolhida conforme o contexto harmônico:

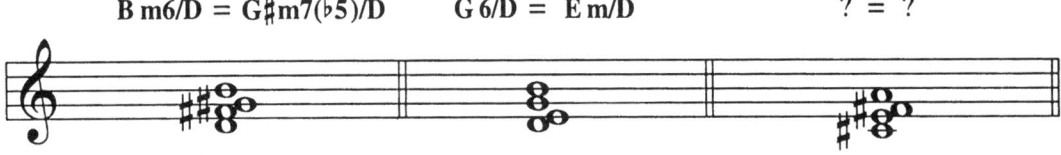

Exercício 24 Dada a nota mais aguda do acorde, complete-o escolhendo o acorde em que...

$\boxed{A}$ ...a nota dada seja a fundamental

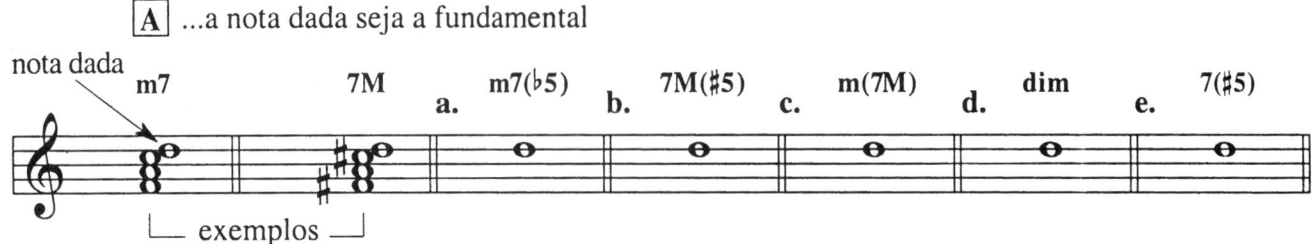

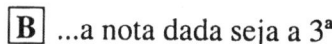 ...a nota dada seja a 3ª

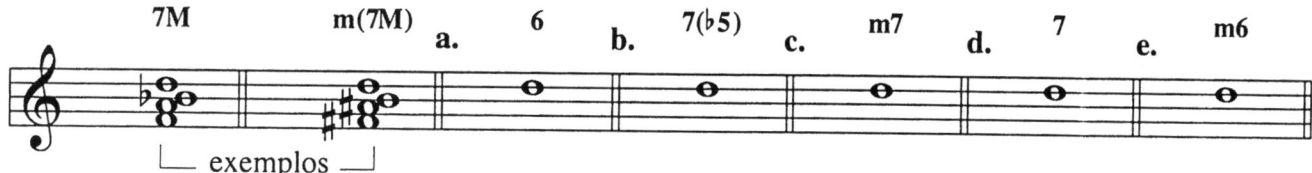

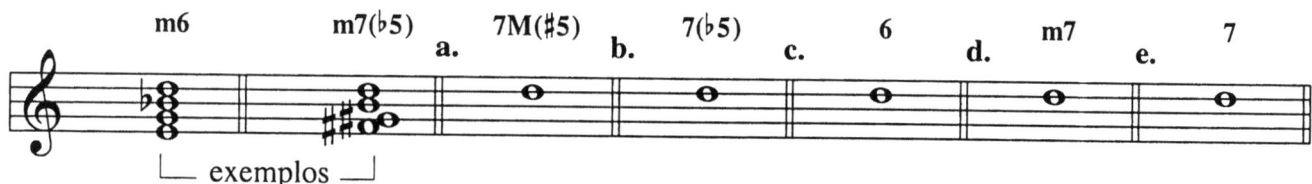 ...a nota dada seja a 5ª

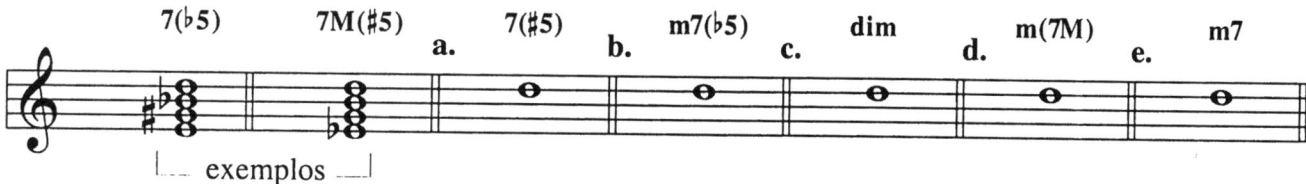 ...a nota dada seja a 7ª

Finalmente, escreva as cifras sobre os acordes.

Exercício 25 Escreva os acordes pedidos, dada a nota mais aguda do acorde e o grau que ela representa no mesmo:

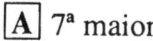 7ª maior

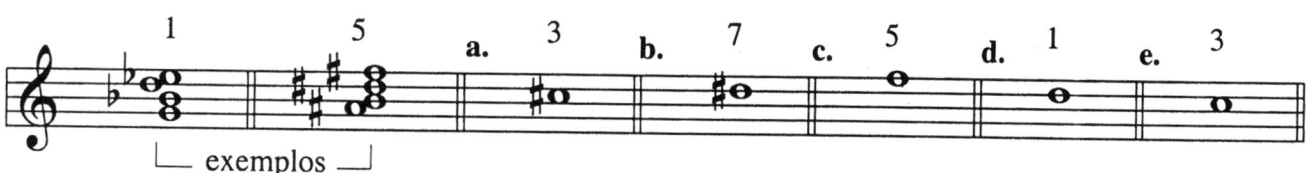

B menor com 7ª

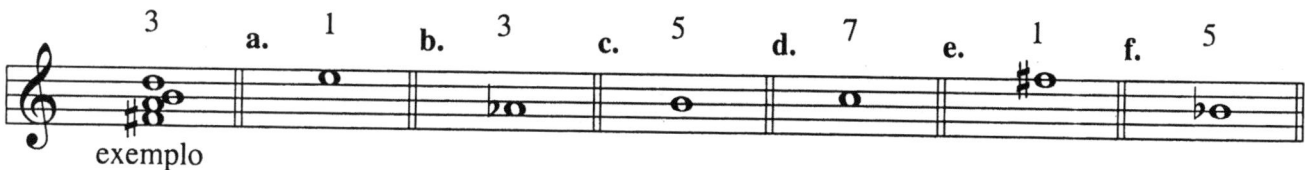

C 7ª (dominante)

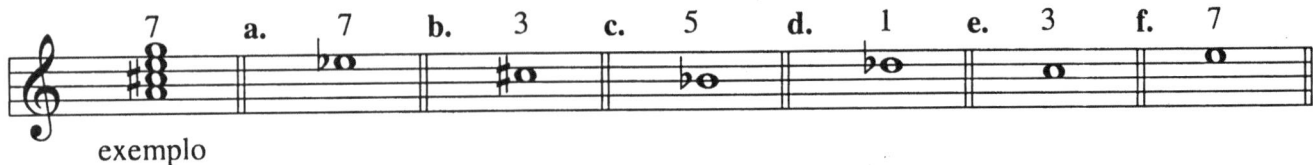

exemplo

D 7ª maior com 5ª aumentada

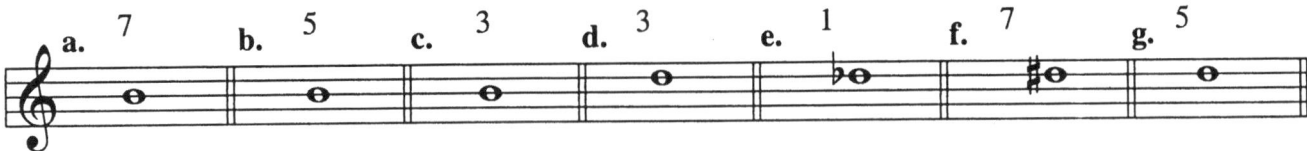

E menor com 7ª e 5ª diminuta

F menor com 7ª maior

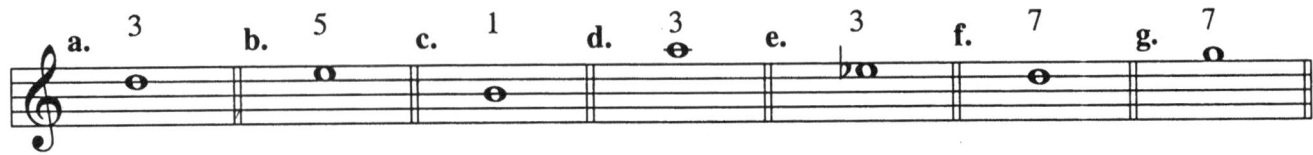

G diminuto

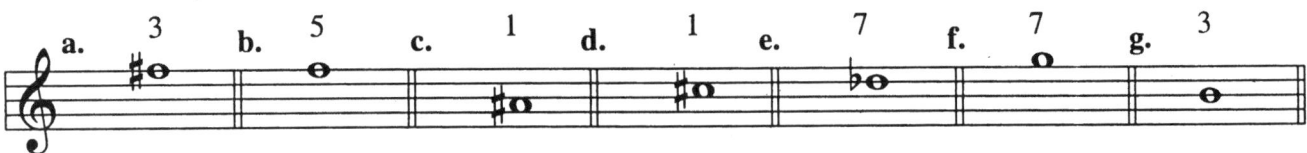

H 7ª com 5ª aumentada

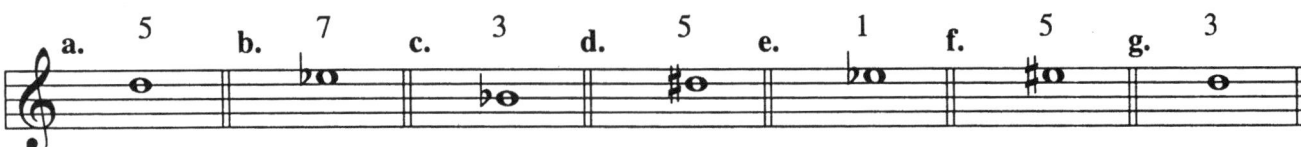

I 7ª com 5ª diminuta

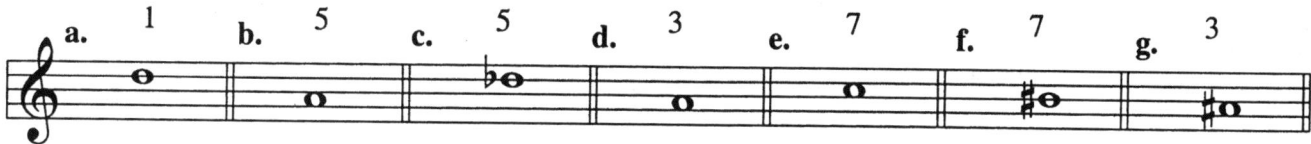

J 6ª

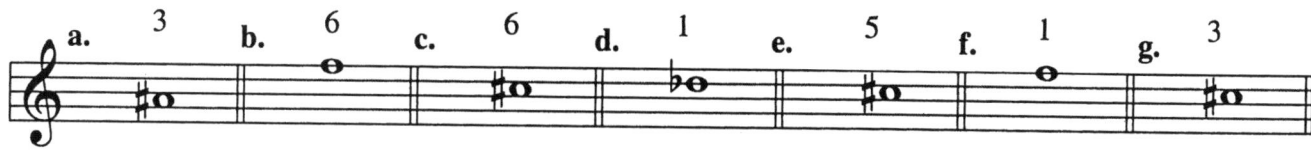

K menor com 6ª

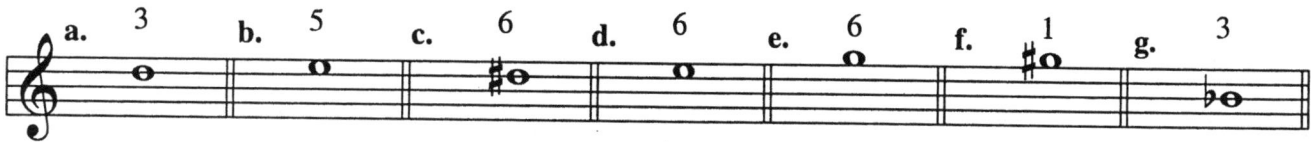

Ao terminar, escreva as cifras sobre os acordes.

Exercício 26 Escreva os acordes indicados pelas cifras, na posição fundamental, sem repetir os acidentes das armaduras e colocando bequadros quando necessário:

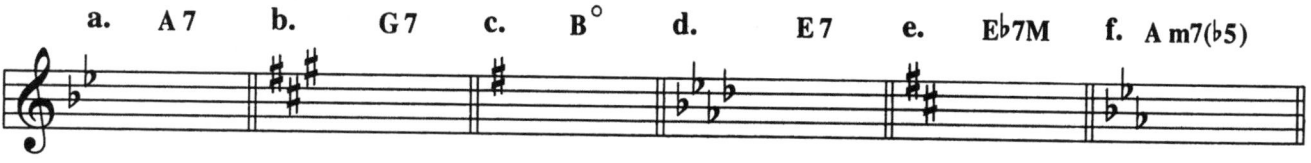

C ◆ MODAL X TONAL

Antes de falarmos da harmonia propriamente dita, proponho uma visão panorâmica da música modal e da música tonal, os dois caminhos mais usados nas linguagens musicais do mundo.

A música modal é milenar, tem a história da humanidade e expressa sua emoção. É base nos rituais de vitória, derrota e prece. É contagiante e estimula à participação. É intermitente, sem momento de partida e de término. É feita de ritmos, sonoridades e climas. A melodia é simples, curta e repetitiva. A harmonia, se é que existe, é feita de um ou poucos acordes, que quase sempre são tríades, por vezes não cifráveis (não decifráveis). Num permanente crescendo, acompanha o entusiasmo tribal, ou lamenta e chora, conforme os caprichos do ânimo. Tudo nela é coletivo, e convida a entrar na roda, a participar. A tribo vem até os nossos dias.

A música tonal, em contrapartida, vem dos últimos séculos e adota uma linguagem melódica e harmônica inventada e, por vezes, rebuscada. Sua harmonia é uma narrativa imprevisível; uma sucessão de preparações e resoluções, ou preparações não resolvidas ou, ainda, resolvidas inesperadamente, tal como um conto de aventuras. Trabalha com tétrades e é enriquecida com dissonâncias. Por sua sofisticação, prevê um público passivo e pagante, nos moldes do consumismo ocidental. Quem porventura participar deve conhecer a música ou recorrer à leitura.

Pois bem: diante deste quadro, compararemos a música tonal a uma comunidade habitacional organizada e limitada, com regulamentos e estatutos próprios, mapas e roteiros, onde a harmonia seja a fina flor da sociedade. Modalismo é tudo que está fora das muralhas dessa comunidade; é o universo; é o restante da música, a própria liberdade. Dentro dela, a harmonia se reduz a mero ingrediente climático/percussivo ou oferece um tapete de veludo. É de caminhos previsíveis e inexplicáveis, como o próprio universo. Aqui, cifras e análises harmônicas (inspiradas e criadas no tonalismo) podem ser precárias ou inúteis.

Graças a tais circunstâncias, a harmonia tonal, já explorada e explicada, será estudada *primeiro*, deixando a modal para adiante, contrário à cronologia histórica. Quem aprender as regras de harmonia *tonal* pode virá-la ao avesso, deparando-se então com a harmonia *modal*. (Por exemplo: uma música tonal tocada de trás para a frente vira modal, embora a recíproca não seja verdadeira.)

Bem, há os que só se interessam por música modal (*rock*, *blues* etc.). Esses estariam aparentemente liberados para saltar as páginas dos capítulos tonais, indo direto aos capítulos modais, no volume 3. Entretanto, é de suma importância o domínio do tonalismo para total compreensão do modalismo (e vice-versa), tão profundas são as marcas que ambos deixaram. Tratando-se de pólos opostos da linguagem musical, o modalismo e o tonalismo encontram-se hoje entrelaçados e inseparáveis na música do mundo. Porém os trajetos percorridos e as concepções são tão diversos que se torna inevitável o estudo em separado.

Voltando à metáfora, o tonalismo constrói um castelo extremamente elaborado e delicado; o modalismo o derruba de um só golpe, instalando em seu lugar uma fazenda imensa; o homem volta ao contato com a terra, ainda que as memórias do castelo continuem profundamente enraizadas. Isto acontece porque a música hoje tem a tendência de linguagem cada vez mais voltada ao modalismo, posto que o tonalismo, demasiadamente pragmático, não oferece estímulo suficiente para a contemplação, exaltação e desejo de participação do homem contemporâneo. Estamos vivenciando a volta às origens.

Exemplos de música tonal: predominantemente a MPB, bossa nova, choro, samba-de-breque, música de carnaval, cantigas de roda, o *belcanto* italiano, o fado português, Ary Barroso, Noel Rosa, Pixinguinha, Cartola, Roberto Carlos, Charlie Parker, Duke Ellington, Cole Porter, Chopin, Beethoven, Bach.

Exemplos de música modal: cantoria nordestina, *blues* tradicional, *rock*, *soul*, *pop*, *world music*, *dance music*, *flamenco*, árabe, extremo Oriente, Milton Nascimento, Chick Corea, Pat Metheny, canto gregoriano, Debussy, Lenine, Chico César, Sivuca, Hermeto.

Mistura tonal-modal: *blues* sofisticado, Gilberto Gil, Dorival Caymmi, Toninho Horta, Baden Powell, George Gershwin, The Beatles.

Compositores em fases *tonais e modais, distintas*: Tom Jobim, Chico Buarque, Djavan, Caetano Veloso, Edu Lobo, Villa-Lobos.

2ª PARTE
VOCABULÁRIO HARMÔNICO

A ◆ HARMONIA NO TOM MAIOR

1 Conceitos

- *Harmonia* é o acompanhamento da melodia feito por um encadeamento de acordes.
- *Tonalidade* ou *tom* é um conjunto de sete notas indicadas pela armadura de clave. É a organização por altura das notas que constituem uma determinada melodia e harmonia.
- As notas definidas pela armadura de clave numa determinada tonalidade são denominadas *diatônicas*. Melodia, harmonia e escala diatônica são aquelas que utilizam somente notas diatônicas.
- *Notas cromáticas* são as notas não-diatônicas.
- *Tônica* é a nota central ou nota de repouso da tonalidade e dá nome à mesma. Geralmente, finaliza a música e quase sempre é o baixo do último acorde. Atenção: a nota básica do acorde não é tônica mas fundamental.
- *Escala* é a melodia em que as notas da tonalidade se apresentam, organizadas em ordem crescente (escala ascendente) ou decrescente (escala descendente) quanto à altura, começando e terminando na nota da tônica.
- *Tonalidade maior* se alimenta da escala maior com a estrutura característica $1 + 1 + 1/2 + 1 + 1 + 1 + 1/2$ tons (ver capítulo "Escala maior"). Seu "chão" ou centro é a nota da tônica.

2 Acordes diatônicos

- Tríades diatônicas

Como exemplo, escolhemos o tom de dó maior, feito somente com notas naturais (teclas brancas). Construímos a escala de dó maior e, sobre cada grau, uma tríade, sempre usando apenas as notas naturais (diatônicas). Sobre os acordes, anotamos as respectivas cifras e sobre as cifras a análise harmônica. A *análise harmônica* é feita com os números romanos de I a VII, que representam os sete graus da escala maior. Ao lado direito dos números, colocamos "m" (se o acorde for menor) e "º" (se for diminuto), como acontece na cifra. Se for maior, não colocamos nada:

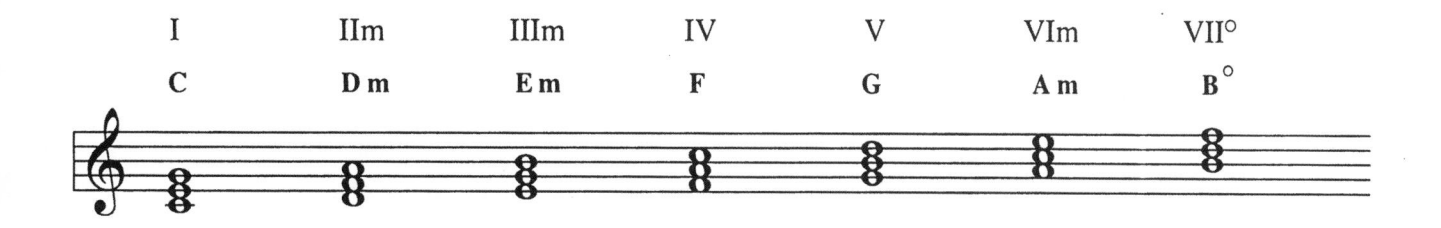

I	IIm	IIIm	IV	V	VIm	VIIº
C	Dm	Em	F	G	Am	Bº

Representando as tríades diatônicas em outros tons maiores (outras armaduras), notaremos que notas e cifras mudam, embora a análise continue a mesma, posto que a análise representa a estrutura característica de qualquer tom maior.

Exercício 27 Construir as tríades diatônicas no tom de Ré maior, usando **a.** acidentes locais **b.** armadura. Escrever as cifras e analisar.

a.

b.

No item **a.**, não esqueça de colocar ♯ antes de cada *fá* e *dó*, inclusive quando estas notas ocorrerem na formação dos acordes.

Observe: em qualquer tom maior, as tríades maiores são encontradas sobre os graus I IV V; as menores sobre os graus II III VI e a diminuta sobre o grau VII.

Encadeamento harmônico é o uso de acordes em seqüência, um após o outro, dentro de um tom. Na prática, acompanha a melodia. Analisar a harmonia é examinar cada acorde dentro desse encadeamento, localizando-o no tom da música. É claro que a análise do acorde, muito mais que a cifra, esclarece sua função no contexto em que ele se encontra (daí o nome "harmonia funcional" que alguns autores atribuem a esta matéria). Portanto, nosso estudo harmônico será feito a partir da análise; o *vocabulário* harmônico nada mais é do que números romanos complementados por estruturas, cada qual representando uma cifra, num determinado tom.

Exercício 28 a. tríades do I IV V graus são de estrutura ....
             b. tríades do II III VI graus são de estrutura ....
             c. tríades do VII grau é de estrutura ....

Exercício 29 Escreva a análise sobre cada cifra (os tons são dados pela armadura):

a. F   **b.** Em   **c.** E°   **d.** A   **e.** Dm

f. B♭   **g.** Em   **h.** D♭   **i.** G♯m   **j.** F♯m

Exercício 30 Escreva as cifras pedidas pela análise nos tons indicados:

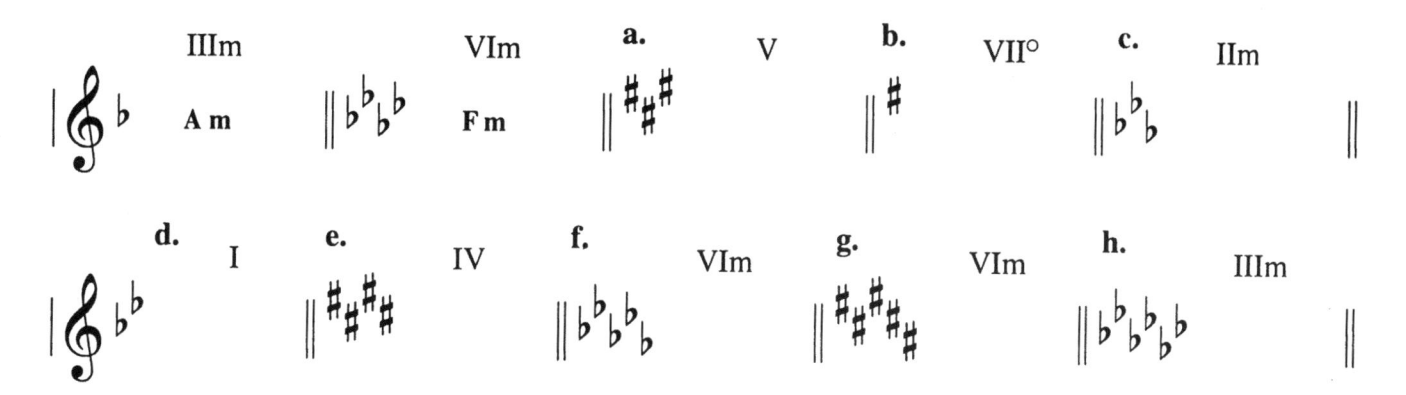

          IIIm   VIm   **a.**   V   **b.**   VII°   **c.**   IIm

       A m   F m

  d.   I   **e.**   IV   **f.**   VIm   **g.**   VIm   **h.**   IIIm

Exercício 31 Preencha:
a. F é I de .... maior, IV de .... maior, V de .... maior
b. Gm é .... de si♭ maior, ... de mi♭ maior, ... de fá maior
c. A é .... de mi maior, ... de lá maior, ... de ré maior
d. A♯° é VII° de .... maior
e. C♯m é VIm de .... maior, IIIm de .... maior, IIm de .... maior
f. F° é .... de sol♭ maior

Exercício 32 Escreva as cifras pedidas pela análise no tom indicado:

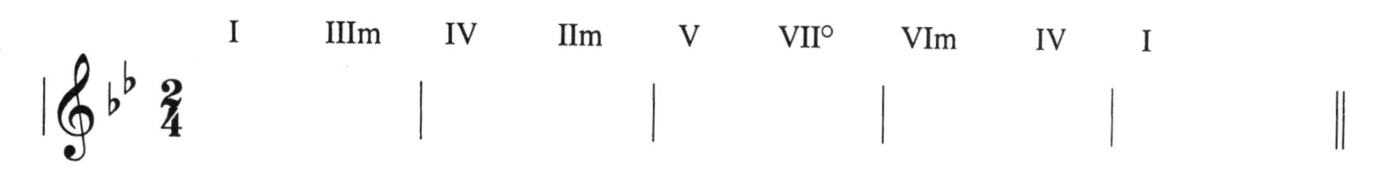

       I   IIIm   IV   IIm   V   VII°   VIm   IV   I

Exercício 33 Cante a melodia e toque a harmonia de *Peixe vivo* (folclore). Faça a análise harmônica por cima da cifragem. O primeiro passo é achar o tom: consulte a armadura ou o último acorde (que, nesta música, se encontra no 8º compasso).

faixa 01

Am   D   Bm   Em   Am   F♯°   G   Am   D   Bm   Em

Am   F♯°   G   C   G   C   G

Exercício 34 Percepção [faixa 02]. Escreva a estrutura das tríades ouvidas: M m dim aum

a.   b.   c.   d.   e.   f.   g.   h.

Exercício 35 Percepção [faixa 03]. Escreva os graus e estruturas dos acordes (análise), dois acordes por compasso, um no último. Em seguida, escreva as cifras no tom de fá maior.

Exercício 36 Percepção [faixa 04]. Ouça *Pirulito que bate, bate* (folclore). Toque a harmonia com a gravação. Escreva a cifra sobre a melodia e analise.

Se possível, escreva a harmonia sem usar o instrumento; confira o resultado tocando com a gravação.

Exercício 37 Faça a harmonia de *O cravo brigou com a rosa* (folclore). [faixa 05] (só a melodia gravada)

Faça a harmonia sem pensar na análise, deixando-a para depois. Somente após o trabalho concluído, consulte a harmonização apresentada na "resolução dos exercícios", que certamente não coincidirá com a sua harmonia. (Esta harmonização não foi gravada, para não influenciar a criatividade do estudante.)

Vale refletir. Sendo esta a primeira harmonização proposta em nossos estudos, paremos para pensar. Como se faz uma "harmonização"? Resposta: cantando e acompanhando. Escolhendo os acordes mais bonitos, tendo em vista que a harmonia não é propriamente sua, mas da composição; a você compete mais "investigar" do que "inventar". Inicialmente, coloque os acordes desejados em diversos pontos, e vá preenchendo os espaços vazios à medida que as idéias ocorrerem. Faça as correções a lápis ou de memória (neste caso a notação fica para depois). Repetir e lapidar até ficar satisfatório. É uma jornada longa e fascinante a que estende o prazer das descobertas sucessivas. A proposta inicial é usar somente tríades, escolhendo esteticamente os acordes, sem nenhuma intenção de classificação ou análise no momento da criação. Se ao analisar houver dúvidas quanto a algum acorde não estudado (por exemplo: II grau maior ou IV grau menor), adote-o mesmo assim, em nome da estética, deixando a análise para depois, e em breve a análise será complementada. Procure entrar em sintonia com a sonoridade das tríades diatônicas, buscando exercitar o vocabulário estudado.

Sendo a harmonia um reflexo da melodia, a mim causa surpresa o violonista ou tecladista que não *canta* ao harmonizar. (Tocar a melodia com as mãos que buscam caminhos harmônicos representa tarefa extra para os dedos, em detrimento da harmonia. No decorrer da harmonização, isto sim, as mãos devem estar liberadas e dedicadas à busca e formação dos acordes.)

Fique claro que o uso da própria voz, ao harmonizar, é indispensável, e nenhuma gravação ou instrumento melódico a substitui, muito menos a mera imaginação da melodia. Não há exemplos de bons harmonistas que se privem de cantar.

Escolha músicas em tom maior para harmonizar (em que o último acorde seja maior) que soem bem. Use sua intuição para encontrar músicas que, além de serem de seu agrado, "funcionem" com acordes simples e diatônicos. Procure garimpar na sua memória.

Para auxiliar, ao fim de cada capítulo você encontrará uma lista de músicas apropriadas para cada parte do livro. No caso do presente capítulo:

Repertório de exemplos: *Asa branca* (Luiz Gonzaga/Humberto Teixeira), *Soy loco por ti América* (Gilberto Gil/Capinam), *No woman no cry (Não chore mais)* (Vincent Ford/Gilberto Gil), *Pela estrada afora* (João de Barro), *Atrás do trio elétrico* (Caetano Veloso), *Baby* (Caetano Veloso) e, do folclore: *Mulher rendeira, Maria Bonita, Carneirinho, A canoa virou, Cai, cai, balão, Marcha, soldado, Passa, passa, gavião, Meu limão, meu limoeiro, De marré de ci, Boi da cara preta, Prenda minha, O pastorzinho, Escravos de Jó, Sapo-cururu, Capelinha de melão, Oh! Minas Gerais.*

▪ Tétrades diatônicas

A exemplo das tríades, vamos agora construir tétrades diatônicas, feitas apenas com notas naturais, sobre os sete graus da escala de dó maior. As cifras e a análise revelam diferentes estruturas de acorde, próprias a cada grau:

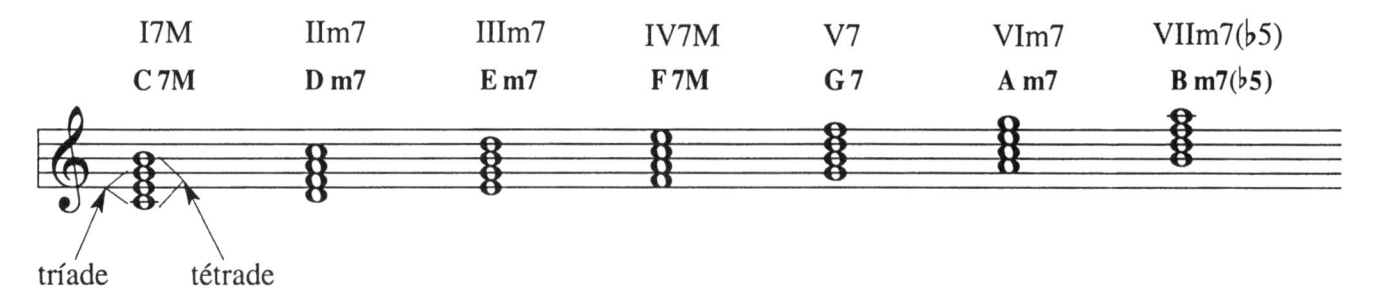

I7M	IIm7	IIIm7	IV7M	V7	VIm7	VIIm7(♭5)
C 7M	D m7	E m7	F 7M	G 7	A m7	B m7(♭5)

tríade   tétrade

Identificamos as tríades diatônicas já estudadas, acrescidas da sétima.

Exercício 38 Construir as tétrades diatônicas no tom de si♭ maior, usando somente acidentes locais (não esquecer de colocar os acidentes nas notas dos acordes além dos já colocados nas notas da escala). Escrever as cifras e a análise.

Exercício 39 Preencha:
a. acordes 7M são encontrados sobre os graus ....
b. acordes m7 são encontrados sobre os graus ....
c. acorde 7 é encontrado sobre o grau ....
d. acorde m7(♭5) é encontrado sobre o grau ....

Para efeitos de comparação das estruturas, os quatro tipos de tétrades serão construídos sobre uma única nota fundamental, *lá*:

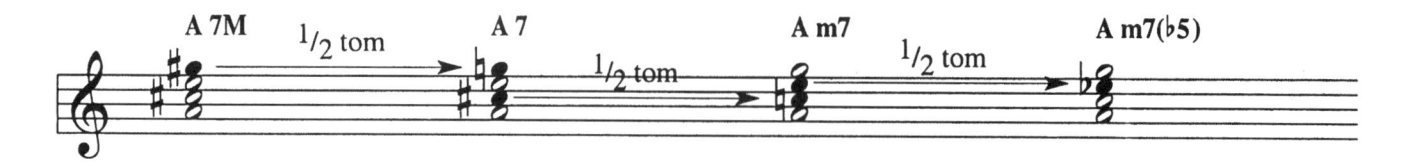

A 7M   ½ tom   A 7   ½ tom   A m7   ½ tom   A m7(♭5)

Observe que, entre um acorde e o próximo, sempre abaixa uma nota única por meio-tom.

Exercício 40 Descendo a fundamental de Am7(♭5) meio-tom, qual será a cifra?

Exercício 41 Tocar a seqüência, conduzindo os acordes o mais linear possível. **A7M A7 Am7 Am7(♭5) A♭7M A♭7 A♭m7 A♭m7(♭5) G7M G7 Gm7 Gm7(♭5) G♭7M** siga em frente até chegar a **A7M**. (Este exercício não só exercita a formação dos acordes ora estudados, como também auxilia na percepção do som das quatro estruturas. A seqüência não é vinculada a nenhuma tonalidade.)

Voltando às tétrades diatônicas no tom de dó maior, construídas sobre os sete graus da escala, vamos agora organizar a seqüência dos acordes de forma que o baixo desça por intervalos de quinta ou suba por intervalos de quarta:

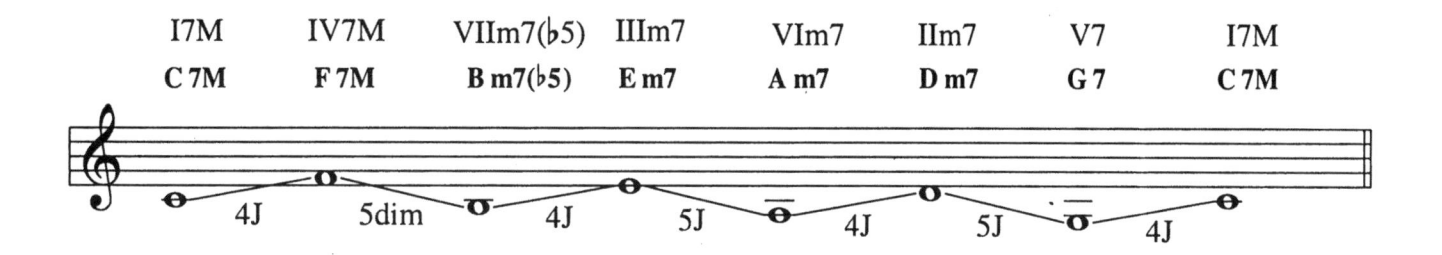

I7M	IV7M	VIIm7(♭5)	IIIm7	VIm7	IIm7	V7	I7M
C 7M	F 7M	B m7(♭5)	E m7	A m7	D m7	G 7	C 7M

4J 5dim 4J 5J 4J 5J 4J

Ouvindo esta progressão, observa-se maior *fluência* do que na progressão sobre os graus vizinhos da escala mostrada antes. O ouvido popular percebe melhor este som, sendo preferido nas canções populares. Digamos que o salto de 5↓ ou de 4↑ no baixo é o mais bem recebido entre os saltos. Ex.: *Here's that rainy day* (Jimmy Van Heusen/Johnny Burke):

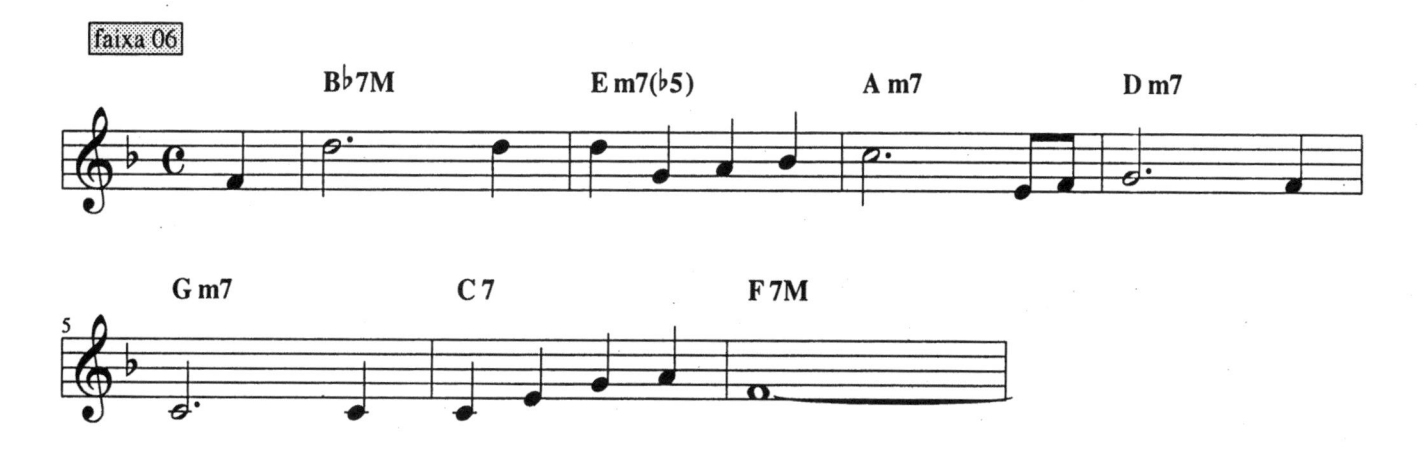

[faixa 06]

B♭7M   E m7(♭5)   A m7   D m7

G m7   C 7   F 7M

Exercício 42 Faça a análise do exemplo acima.

Exercício 43 Escreva a análise sobre cada cifra (os tons são dados pela armadura):

a. VIm7 — Bm7 (2 sustenidos)
b. Em7(b5) (1 bemol)
c. Ab7M (3 bemóis)
d. D7 (1 sustenido)
e. F#m7 (4 sustenidos)
f. Dm7 (2 bemóis)

f. Ab7M (4 bemóis)
g. A#m7 (6 sustenidos)
h. Cm7(b5) (4 bemóis)
i. E7 (3 sustenidos)
j. Eb7M (2 bemóis)

Exercício 44 Escreva as cifras pedidas pela análise nos tons indicados:

a. IV7M — F7M (sem acidentes)
b. IIIm7 (2 sustenidos)
c. VIm7 (3 sustenidos)
d. IIm7 (4 sustenidos)
e. V7 (5 bemóis)
f. VIm7 (1 sustenido)

f. I7M (4 bemóis)
g. IV7M (2 bemóis)
h. VIIm7(b5) (1 bemol)
i. I7M (1 sustenido)
j. VIm7 (2 bemóis)
k. IIIm7 (1 sustenido, 1 bequadro)

Exercício 45 Complete:
a. **Fm7** é IIm7 de .... maior, IIIm7 de .... maior, VIm7 de .... maior
b. **D7M** é .... de lá maior, ... de ré maior
c. **F#7** é V7 de .... maior
d. **G#m7(b5)** é .... de lá maior
e. **C#m7** é .... de lá maior, ... de mi maior, ... de si maior
f. **Bb7M** é IV7M de .... maior, I de .... maior

Exercício 46 Escreva, na pauta, as tétrades diatônicas nos graus e tons indicados, usando acidentes locais:

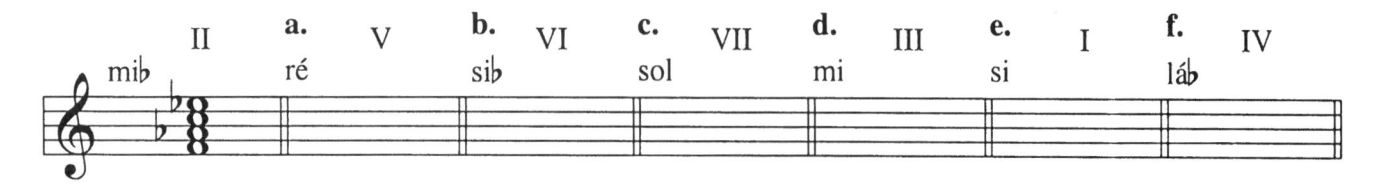

	II	a. V	b. VI	c. VII	d. III	e. I	f. IV
	mib	ré	sib	sol	mi	si	láb

(A análise está incompleta, faltando-lhe a estrutura.)

Exercício 47 Transforme a harmonia da música do exercício 33 em tétrades, anotando as cifras e a respectiva análise. Toque as duas versões. (As tétrades resultam numa linguagem ou textura mais "cheia", um tanto influenciada pela harmonia da MPB, deixando a ingenuidade das cantigas de roda. Alguns vão achar melhor, outros rebuscada, dependendo dos hábitos de cada pessoa, de ouvir e tocar.) faixa 07

Exercício 48 Cante a melodia e toque a harmonia da segunda parte de *Eu não existo sem você* (Tom Jobim/Vinicius de Moraes). Coloque a análise sobre as cifras. Consulte a armadura ou o último acorde para definir o tom.

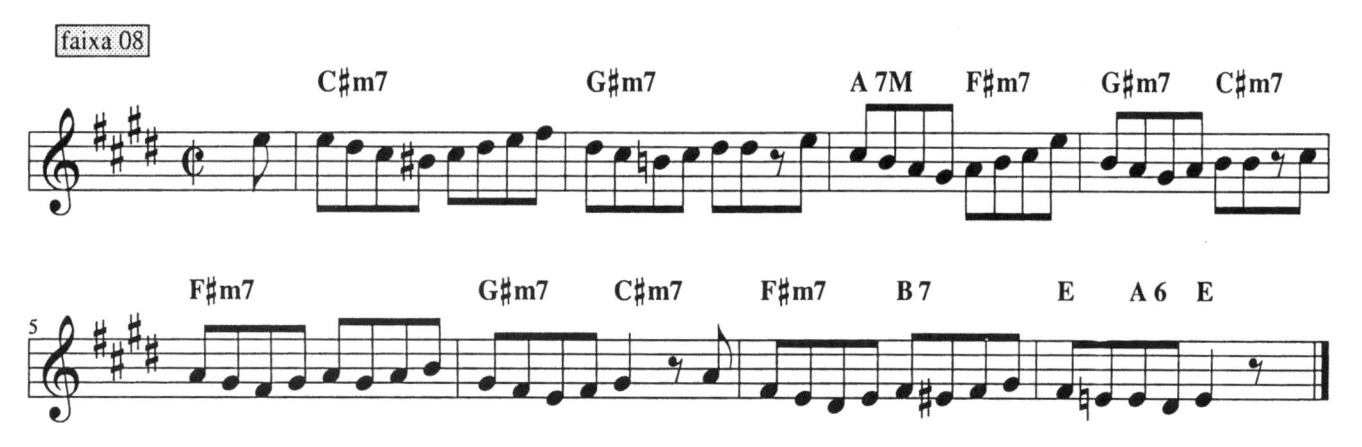

faixa 08

C#m7   G#m7   A 7M   F#m7   G#m7   C#m7

F#m7   G#m7   C#m7   F#m7   B 7   E   A 6   E

Exercício 49 Percepção faixa 09. Escreva a estrutura das tétrades ouvidas: 7M 7 m7 m7(b5)

a.   b.   c.   d.   e.   f.   g.   h.

Exercício 50 Percepção faixa 10. Escreva os graus e estruturas dos acordes ouvidos (em forma de análise), dois acordes por compasso, um no último. Em seguida, escreva as cifras nos tons indicados.

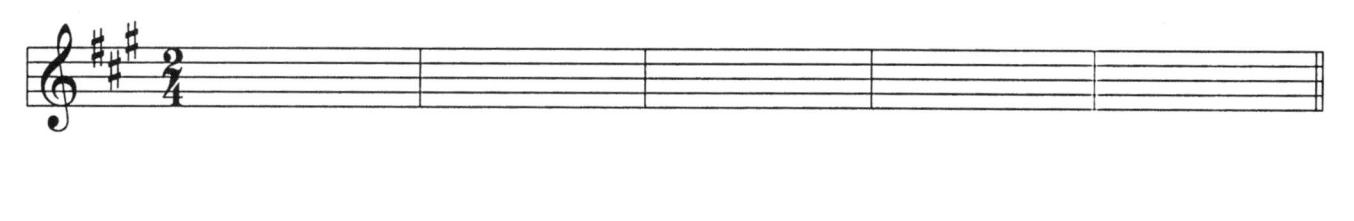

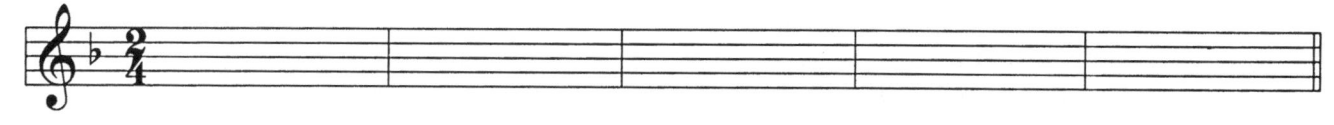

Exercício 51 Percepção faixa 11. Ouça a primeira parte de *Felicidade* (Lupicinio Rodrigues). Escreva a harmonia ouvida por cima da melodia e, finalmente, a análise. Tente a percepção sem o uso do seu instrumento; exceto para conferir.

Exercício 52 Usando tétrades, harmonize a primeira parte de *A casa* (Vinicius de Moraes). Tente fazer, na repetição, uma harmonia diferente. Leia as observações referentes ao exercício 37.

Observe: a harmonia como acompanhamento não é feita só de acordes (formados pela mão esquerda do violonista), mas também de ritmo, a "levada" da música (mão direita no violão). Os acordes mudam em tempos regulares (por exemplo: em cada tempo ou cada dois tempos ou cada compasso). Antes de criar a harmonização, convém cantar a música: sua intuição dirá com que *freqüência* os acordes devem mudar, o que chamamos de *ritmo harmônico* da música. *Peixe vivo*, do exercício 33, por exemplo, usa um acorde em cada tempo na primeira parte e um acorde em cada dois tempos na segunda parte. Já na música acima, sentiremos a necessidade de acordes diferentes em cada compasso (de 3 em 3 tempos). Também é possível sentir em cada compasso um acorde durante o 1º e o 2º tempo, e outro acorde no 3º tempo. Verifique. O uso de um ou dois acordes por compasso é critério pessoal (harmonia simples ou mais movimentada). Faça a sua opção *antes* da harmonização. Entre uma e outra parte da música, o ritmo harmônico pode mudar (dobrar ou desdobrar).

É, portanto, *indispensável o uso de barras de compasso* em qualquer cifragem, a não ser que a notação seja feita sobre a melodia anotada. Harmonize algumas músicas (em tom maior) que sugiram o uso de tétrades.

Repertório de exemplos: *Samba da bênção* (Baden Powell/Vinicius de Moraes), *Espanhola* (Flávio Venturini), *De papo pro ar* (Joubert Carvalho/Olegário Mariano), *O que é que a baiana tem?* (Dorival Caymmi), *O que é que eu dou?* (Dorival Caymmi/Antonio Almeida), *Peguei um "ita" no Norte* (Dorival Caymmi).

3 Preparação dos graus

- Preparação dominante

Qualquer acorde maior ou menor pode ser precedido ou "preparado" por acorde dominante situado 5J acima:

E7 A7M   **D7 Gm7**   **F#7 B6**   **Bb7 Eb** etc

Exercício 53 a. .... prepara **D7M** **b.** .... prepara **F** **c.** .... prepara **Am7** **d.** .... prepara **Bm** **e.** .... prepara **Fm6** **f.** .... prepara **C#m7**

Exercício 54 a. B7 prepara .... **b. F7** prepara .... **c. D7** prepara .... **d. G7** prepara .... **e. C#7** prepara .... **f. Db7** prepara ....

Essa preparação, chamada *preparação dominante*, é a idéia central da harmonia tonal e tem um símbolo próprio na análise:

V7 → I

cuja seta curvilínea representa { resolução dominante / 5J descendente no baixo

Em dó maior:

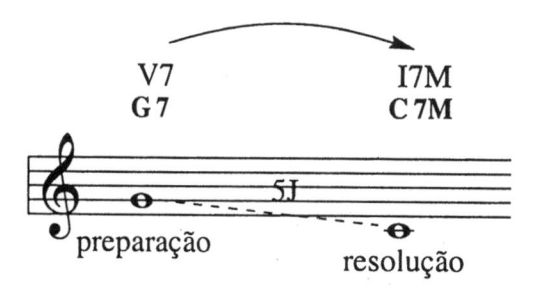

V7 → I7M
G7   C7M

preparação — 5J — resolução

▪ Dominante secundário

As tríades ou tétrades diatônicas podem representar um "descanso", ou resolução provisória, chamado *tom secundário*, desde que tenham 5J em sua formação (acorde maior e menor). O acorde do VII grau, por não ter 5J, não oferece estabilidade necessária para esse "descanso". Assim sendo, cada grau, exceto VII, pode ser preparado pelo dominante individual, chamado *dominante secundário*. Este acorde estará situado 5J acima do acorde de resolução. No tom de dó maior, **Dm7** é analisado IIm7 e pode ser preparado por **A7** (que no tom secundário de ré menor funciona como V7):

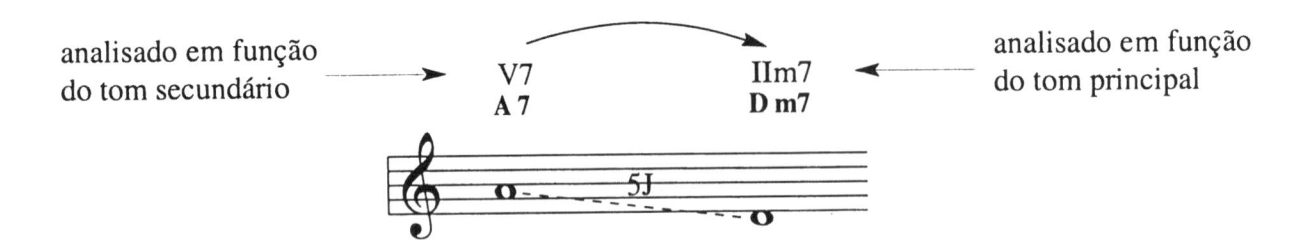

analisado em função do tom secundário → V7 / A7 → IIm7 / Dm7 ← analisado em função do tom principal

Na análise, o vínculo "preparação-resolução" é representado por seta curva ligando os números romanos:

V7 ⌒ IIm7

Dominantes secundários no tom de dó maior

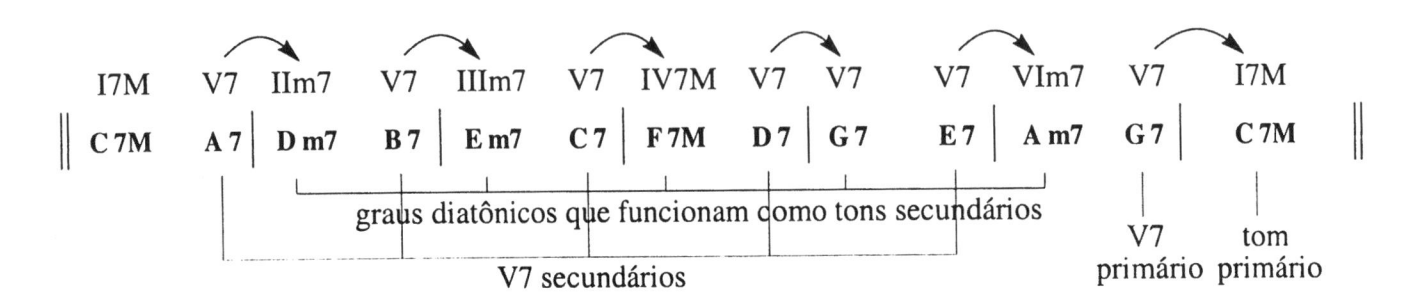

I7M	V7	IIm7	V7	IIIm7	V7	IV7M	V7	V7	V7	VIm7	V7	I7M
C7M	A7	Dm7	B7	Em7	C7	F7M	D7	G7	E7	Am7	G7	C7M

graus diatônicos que funcionam como tons secundários
V7 secundários
V7 primário — tom primário

Observe a ausência da seta a partir de **G7** no 5º compasso: este dominante não resolve 5J abaixo (o próximo acorde não é **C**).

Exercício 55 Escreva a seqüência acima no tom de lá maior. A seguir, escreva a seqüência acima nos demais tons.

Exercício 56 Toque a seqüência acima em todos os tons repetidas vezes. Após notar e ler a seqüência em alguns tons, experimente tocá-la de ouvido.

Exercício 57 no tom dó maior, V7 de VI é **E7**
    a. no tom ré maior, V7 de IV é ....
    b. no tom sol maior, V7 de III é ....
    c. no tom si♭ maior, V7 de II é ....
    d. no tom lá♭ maior, V7 de V é ....
    e. no tom mi maior, V7 de I é .... (V primário)

Exercício 58 no tom lá maior, **C♯7** é V7 ⌒→ **VI**
    a. no tom fá maior, **E7** é V7 ⌒→ ....
    b. no tom fá♯ maior, **G♯7** é V7 ⌒→ ....
    c. no tom mi♭ maior, **G7** é V7 ⌒→ ....
    d. no tom ré♭ maior, **B♭7** é V7 ⌒→ ....
    e. no tom si maior, **B7** é V7 ⌒→ ....

Exercício 59 no tom **fá** maior, V7 ⌒→ II é **D7**
    a. no tom ...... maior, V7 ⌒→ III é **C♯7**
    b. no tom ...... maior, V7 ⌒→ IV é **A♭7**
    c. no tom ...... maior, V7 ⌒→ II é **F♯7**
    d. no tom ...... maior, V7 ⌒→ VI é **D7**
    e. no tom ...... maior, V7 ⌒→ V é **A7**

Exercício 60 Escreva as cifras pedidas pela análise no tom indicado:

I7M   V7 ⌒→ IV7M   V7 ⌒→ VIm7   V7   V7 ⌒→ I

Observe: – V7 costuma ocupar tempo mais fraco do que sua resolução (a resolução costuma ocupar o tempo forte, abrindo o compasso).
– a presença da seta ⌒→ também na resolução primária: V7 ⌒→ I (tom principal)

Exercício 61 Cante a melodia e toque a harmonia da primeira parte de *Que nem jiló* (Luiz Gonzaga/Humberto Teixeira). "Ouça" a harmonia. Em seguida, analise.

[faixa 13]

[Partitura com os acordes: D | C#7 | F#m | A7 | D | E7 | A7 | D7 | G | C#7 | F#m7 | B7 | Em7 (1.) | A7 | D | A7 | Em7 (2.) | E7 A7 | D]

Exercício 62 Percepção [faixa 14]. Ao ouvir as 4 progressões de 5 acordes cada, defina o grau do 3º acorde e sua estrutura (análise).

a.
‖ I   V7 | ....   V7 | I ‖

b.
‖ I   V7 | ....   V7 | I ‖

c.
‖ I   V7 | ....   V7 | I ‖

d.
‖ I   V7 | ....   V7 | I ‖

Exercício 63 Faça a análise das 4 progressões abaixo, assinalando os acordes não-diatônicos (dominantes secundários). Observe que a linha do baixo é sempre a mesma: 5as descendentes a partir do 2º acorde. (Esta linha do baixo é de fácil assimilação, sendo por isso freqüentemente usada.)

a.
‖ G7M   Em7 | Am7   D7 | G7M ‖

b.
‖ G7M   E7 | Am7   D7 | G7M ‖

c.

‖ G7M Em7 | A7 D7 | G7M ‖

d.

‖ G7M E7 | A7 D7 | G7M ‖

Percebeu algo que ainda não foi estudado, na progressão **d.**?

Exercício 64 Percepção faixa 15. Em que ordem foram tocadas as 4 progressões do exercício 63?

Exercício 65 Percepção faixa 16. Ouça a primeira parte de *O ciúme* (Caetano Veloso). Escreva a harmonia sobre a melodia, analisando em seguida. Tente a percepção sem o uso do instrumento, exceto para conferir.

Observação: os acordes dominantes são tétrades e os demais são tríades.

Exercício 66 Harmonize *Eu fui no Tororó* (folclore) à sua maneira. É possível encaixar dominantes secundários nesta progressão? Confira a sugestão apresentada na "resolução dos exercícios", mas somente depois de feita sua harmonização. faixa 17 (só a melodia gravada)

Escolha e harmonize outras músicas em tom maior em que ocorram dominantes secundários.

Repertório de exemplos: *Sampa* (Caetano Veloso), *London London* (Caetano Veloso), *Como dois e dois* (Caetano Veloso), *Maracangalha* (Dorival Caymmi), *Vai trabalhar, vagabundo* (Chico Buarque), *Ciranda, cirandinha* (folclore), *Disparada* (Geraldo Vandré/Theo de Barros), *Acalanto* (Dorival Caymmi), *Acontece que eu sou baiano* (Dorival Caymmi), *Feitiço da Vila* (Noel Rosa/Vadico), *Morena de Angola* (Chico Buarque), *Vamos, Maninha, vamos* (folclore), *O circo* (Sidney Miller).

- **Inversão e linha do baixo**

Toda boa harmonia é "linear": governada por linhas melódicas. Quanto mais experiente o harmonista, mais *linear* é sua harmonia. A passagem entre dois acordes deve oferecer linhas "cantáveis" entre suas notas. Entre as vozes do acorde, a linha mais importante é a do baixo, pois "seu vizinho é o silêncio" (abaixo dela), como dizia um professor notável. Essa linha é o contracanto (ou contraponto) ajustado à melodia com a qual soa admiravelmente bem. *Ao harmonizar, é recomedável a criação da linha do baixo primeiro.*

Na música popular brasileira, o baixo é tipicamente linear, influenciando, inclusive, a música de outros países (caso da bossa nova). Villa-Lobos e Tom Jobim atestam isso: a harmonia de grande parte de suas canções foi inspirada ou motivada pela linha do baixo.

Os exemplos que se seguem revelam o uso da linha do baixo como *ponto de partida*. Quando complementada pelos acordes, resultam em *inversões*, envolvendo acordes de preparação (primário e secundários) e acordes de resolução. Para provar a importância da linha do baixo, basta tocarmos as respectivas harmonias *sem* inversão, e constataremos que as mesmas perdem a graça, perdem a razão de ser. Por outro lado, a linha do baixo é autônoma, soando bem, mesmo sem o "recheio" dos acordes. Recomenda-se, neste momento, relembrar o capítulo "Acordes invertidos".

Oportunamente, voltaremos ao assunto da linearidade do baixo.

Examinaremos agora dois trechos: o primeiro apresenta o baixo formando escala descendente e o segundo, escala ascendente.

Exercício 67 Toque a harmonia e cante a melodia da primeira parte de *Todo o sentimento* (Cristóvão Bastos/Chico Buarque). Em destaque, aparece a linha do baixo. Toque a melodia com essa linha e verifique sua expressividade (os acordes quase são dispensáveis). Analise. As inversões não aparecem na análise por serem irrelevantes quanto à função do acorde.

Ao tocar acordes invertidos, evite dobrar a nota do baixo.

Exercício 68 Cante, toque e analise a primeira parte de *Beatriz* (Edu Lobo/Chico Buarque). O baixo aparece em destaque (embora implícito na cifragem).

*   ainda não estudado
** na análise não haverá seta, pois o acorde não é resolvido, mas a forma da "fração" V^7/IV indica para onde está preparando.

A linha do baixo pode executar melodias que não sejam escalas. No caso de *Felicidade* (Lupicinio Rodrigues), a melodia principal inspirou um contracanto do baixo. A 1ª parte da música repete 4 vezes este fragmento melódico:

em diferentes alturas, pois em seguida vem:

e depois:

e finalmente:

Observemos que a linha do baixo também será feita de 4 fragmentos melódicos parecidos, em alturas diferentes:

faixa 21

1º fragmento   2º fragmento   3º fragmento

1º fragmento   2º fragmento   3º fragmento

3º fragmento   4º fragmento

3º fragmento   4º fragmento

Quando a melodia repete o mesmo desenho em várias alturas, ela executa uma *marcha melódica*.

O próximo passo é colocar acordes que soem bem com a melodia e ao mesmo tempo incluam as notas do baixo (como fundamentais ou inversões: 3ª, 5ª ou 7ª do acorde). Daí nasce a harmonização completa.

A análise sobre os acordes demonstra a simplicidade da harmonia, apesar do som sofisticado causado pela linha do baixo (note que a linha do baixo é *indicada* na cifragem):

[faixa 22]

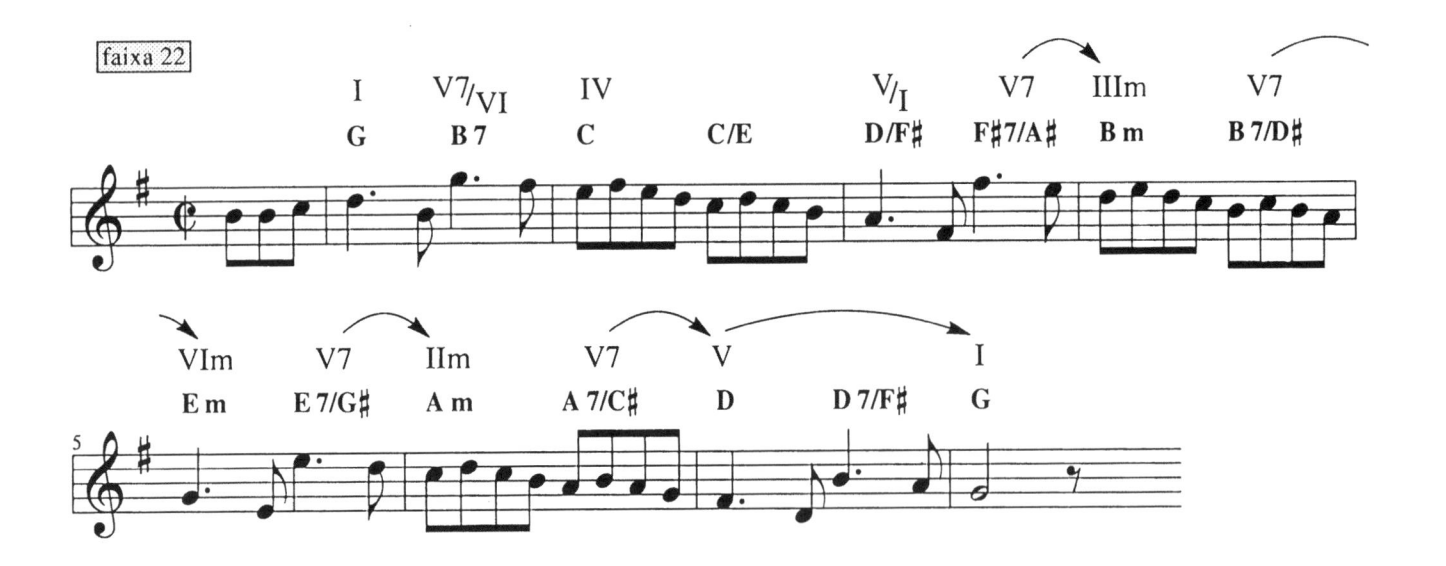

I	V7/VI	IV		V/I	V7	IIIm	V7
G	B7	C	C/E	D/F♯	F♯7/A♯	Bm	B7/D♯

VIm	V7	IIm	V7	V		I
Em	E7/G♯	Am	A7/C♯	D	D7/F♯	G

Observações:

1. A harmonia, a exemplo da melodia e da linha do baixo, forma 4 fragmentos similares, fazendo a chamada *marcha harmônica* (idéias reproduzidas em várias alturas).

2. As preparações (tétrades) ocupam tempo fraco e as resoluções (tríades) ocupam tempo forte.

3. **B7** e **D/F♯** são dominantes não-resolvidos, não havendo seta ⌢↘, mas o grau que preparam aparece em forma de fração na análise: V7/VI e V/I

4. A análise não indica a inversão (a cifra, sim).

Exercício 69 Percepção [faixa 23]. Ouça a primeira parte de *A whiter shade of pale* (Keith Reid/Gary Brooker). Escreva a harmonia ouvida, inclusive as inversões. Observe primeiro a linha do baixo, mais evidente que os acordes. Analise.

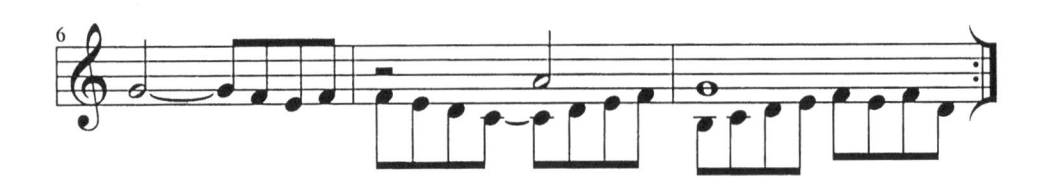

C

Quantos acordes por compasso?

Exercício 70 Percepção faixa 24. Ouça o fim ("vem matar essa paixão") de *Carinhoso* (Pixinguinha/João de Barro). Escreva a harmonia ouvida e analise.

* ainda não estudado

Exercício 71 Harmonize a primeira parte de *Saudade de Itapoã* (Dorival Caymmi); comece pela linha do baixo a partir da nota lá, em escala descendente, duas notas por compasso. faixa 25 (só a melodia gravada)

Procure trechos de músicas que sugiram linha do baixo. Faça as harmonias.

Repertório de exemplos: *Tanto amar* (Chico Buarque), *Não sonho mais* (Chico Buarque), *Carta ao Tom* (Toquinho/Vinicius de Moraes), *Vou vivendo* (Pixinguinha/Benedito Lacerda), *Onde está você* (Oscar Castro Neves/Luvercy Fiorini), *Ingênuo* (Pixinguinha/Benedito Lacerda)

- II V secundário

Em *Atirei o pau no gato* (folclore), **G7** pode ser desdobrado em dois acordes:

Harmonia simples: **G 7**   **C 7M**
Mais movimento: **D m7**   **G 7**   **C 7M**

V7, não sendo de pouca duração, pode ser desdobrado em IIm7 V7, ocupando a mesma duração do acorde original. IIm7 V7 é extremamente freqüente em música popular, precedendo I ou qualquer outro grau:

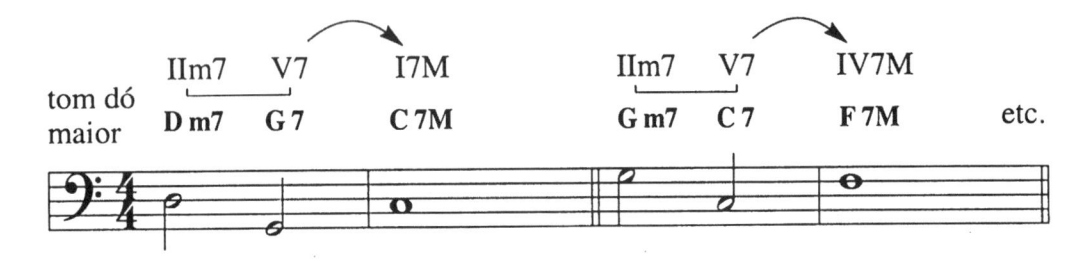

tom dó maior:
   IIm7   V7   I7M   IIm7   V7   IV7M
   D m7 **G 7** **C 7M**   **G m7** **C 7** **F 7M**   etc.

O colchete └────┘ é colocado entre IIm7 V7 e a seta ⌒ entre preparação e resolução. Notar que em ambos os casos a linha do baixo desce 5J (ou sobe 4J).

Em *Casinha pequenina* (folclore), temos:

Harmonia simples: **G 7**   **C m7**
Mais movimento: **D m7(♭5)**   **G 7**   **C m7**

A música, sendo em dó menor, tem 3♭ na armadura:

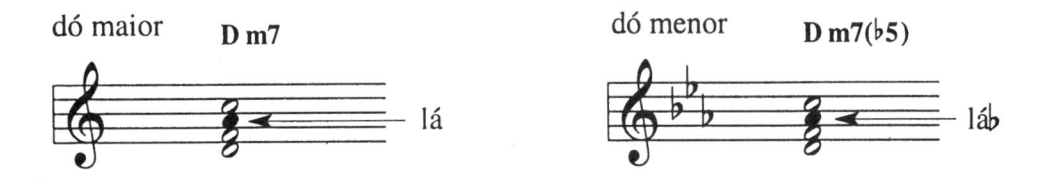

dó maior   **D m7**   dó menor   **D m7(♭5)**

                        lá   lá♭

O II grau, no tom menor, é IIm7(♭5) graças à presença do lá♭ no tom. Sabemos que os V secundários, no tom maior, preparam acordes maiores (I IV V graus) e menores (II III VI graus). Quando os V secundários forem desdobrados em II V secundários, antes dos acordes *maiores* haverá a preparação IIm7 V7 e antes dos acordes *menores*, IIm7(♭5) V7 respeitando a *armadura imaginária* do tom menor do momento. O clássico exemplo em dó maior reúne as preparações para cada grau, de I a VI, exatamente como aconteceu no capítulo "Dominante secundário".

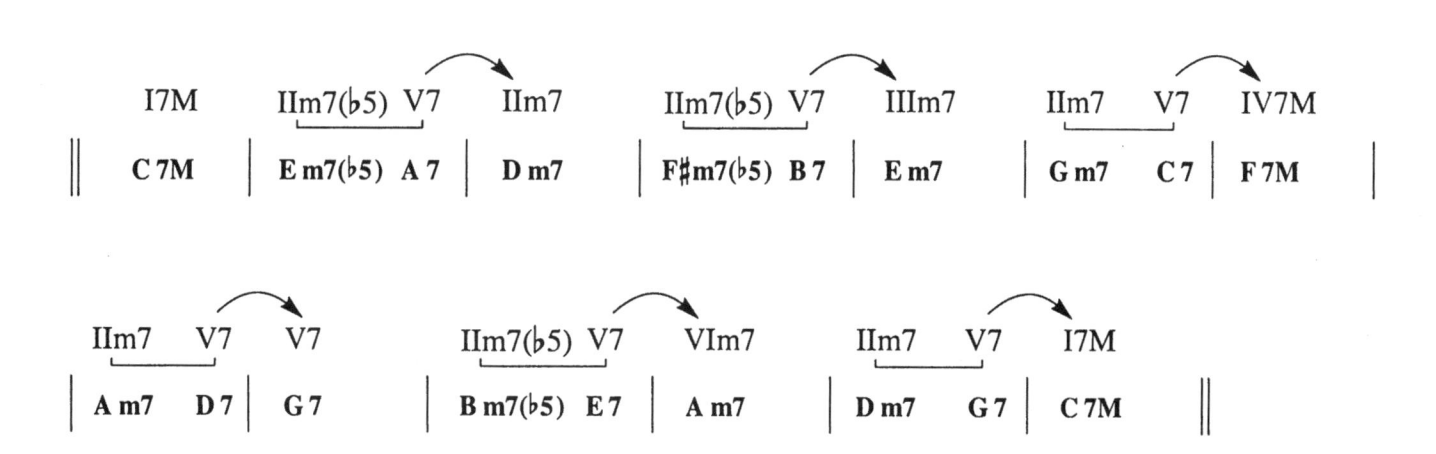

	I7M	IIm7(♭5) V7 → IIm7	IIm7(♭5) V7 → IIIm7	IIm7 V7 → IV7M
	C7M	Em7(♭5) A7	Dm7	F#m7(♭5) B7	Em7	Gm7 C7	F7M

IIm7 V7 V7	IIm7(♭5) V7 → VIm7	IIm7 V7 → I7M
Am7 D7	G7	Bm7(♭5) E7	Am7	Dm7 G7	C7M	

Note-se que II V ocupa um compasso, por ser substituto do acorde único V7.

A análise IIm7 V7 e IIm7(♭5) V7 são números romanos relativos ao tom para onde os acordes estão *preparando*. Os números romanos dos graus onde resolvem são relativos ao tom *principal*. *Sampa* (Caetano Veloso) permite a opção entre V e II V secundários:

faixa 26	C7M	E7	Am7	C7
faixa 27	C7M	Bm7(♭5)* E7	Am7	Gm7 C7

F7M	A7	Dm7
F7M	Em7(♭5)* A7	Dm7

Exercício 72 Analise as duas harmonizações acima.

* Observação: **Bm7(♭5)** e **Em7(♭5)** poderiam ser transformados, neste exemplo, em **Bm7** e **Em7** respectivamente, desde que a 5J dentro desses acordes, fá♯ e si respectivamente, fosse conduzida 1/2 tom descendente:

IIm7 ou IIm7(♭5) quando antecede V7 formando o conjunto IIm7 V7 ou IIm7(♭5) V7 é chamado *II cadencial*, típico em cadências (finalizações) harmônicas. Em *Sampa* existe a possibilidade de transformação do IIm7(♭5) cadencial em IIm7 antes da resolução *menor* em VIm7 e IIm7. No entanto, cada caso dessa substituição deve ser julgado separadamente.

Exercício 73 Escreva a progressão dos II V secundários preparando os graus de I a VI (experimentar antes em dó maior) nos tons de mi maior e si♭ maior.

Segue-se a análise da harmonia da primeira parte de *Flor-de-lis* (Djavan):

* **B♭7M** na harmonia original

Observações:

1. D7 não resolve em **G7** (V7), mas em **Gm7**, que leva à nova preparação.

2. As preparações **Gm7 C7** e **Em7(♭5) A7** não são resolvidas. Em lugar da seta ⌒↘ aparece o grau, em forma de fração, para onde preparam: IIm7 $^{V7}/_{IV}$ e IIm7(♭5) $^{V7}/_{II}$ respectivamente.

3. F♯m7(♭5) B7 não resolve em **Em7** (IIIm7), mas em **Em7(♭5)**, que leva à nova preparação.

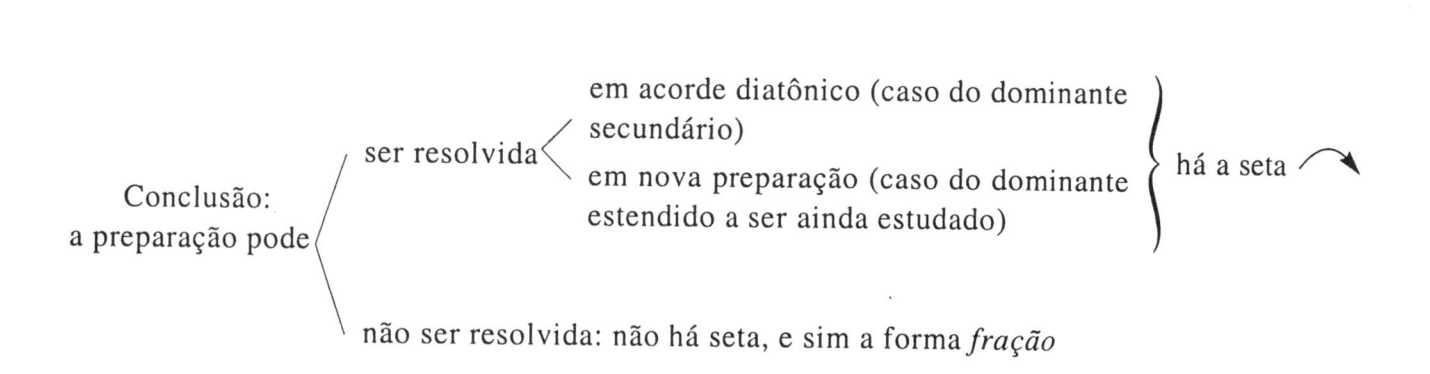

Conclusão: a preparação pode
- ser resolvida
  - em acorde diatônico (caso do dominante secundário)
  - em nova preparação (caso do dominante estendido a ser ainda estudado)

  } há a seta ⌒↘
- não ser resolvida: não há seta, e sim a forma *fração*

Exercício 74 Faça a análise da primeira parte de *Conversa de botequim* (Noel Rosa/Vadico)

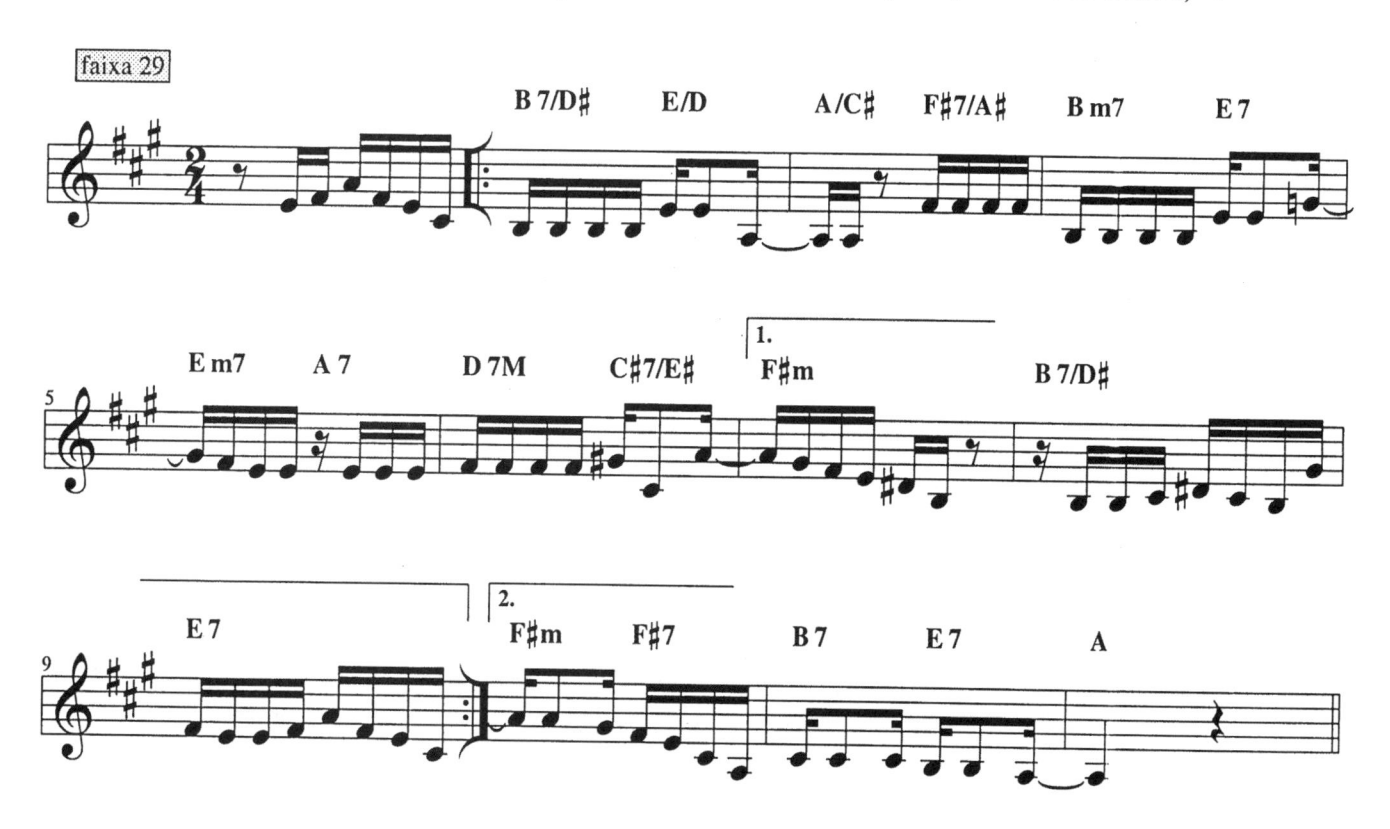

[faixa 29]

Compassos 1–4: B7/D♯ — E/D — A/C♯ — F♯7/A♯ — Bm7 — E7

Compassos 5–8: Em7 — A7 — D7M — C♯7/E♯ — [1.] F♯m — B7/D♯

Compassos 9–12: E7 — [2.] F♯m — F♯7 — B7 — E7 — A

Repare a linha do baixo que deu origem a uma série de inversões. Lembre-se de que as inversões não aparecem na análise. Observe que o repouso final, *I grau* (sem inversão), é reservado para o acorde final. **E7** (no 4º compasso) não resolve no acorde seguinte, como esperado: na *resolução indireta* há sempre um acorde interpolado entre o dominante e sua resolução. A seta representa este salto:

```
   V7      IIm7    V7      IV7M
  E 7  |  E m7    A 7  |  D 7M
```

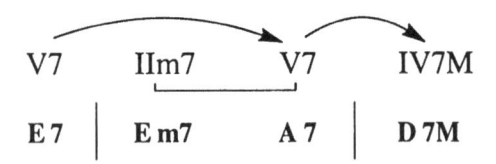

Exercício 75 Percepção [faixa 30]. Você ouvirá seis progressões:

a.
‖ I7M | IIm7 V7 | I7M ‖

b.
‖ I7M | IIm7(♭5) V7 | IIm7 ‖

c.
‖ I7M | IIm7(♭5) V7 | IIIm7 ‖

d.
‖ I7M | IIm7 V7 | IV7M ‖

e.
‖ I7M | IIm7 V7 | V7 ‖

f.
‖ I7M | IIm7(♭5) V7 | VIm7 ‖

Em que ordem elas foram gravadas?

Exercício 76 Percepção [faixa 31]. Ouça a primeira parte de *Se todos fossem iguais a você* (Tom Jobim/ Vinicius de Moraes). Escreva a harmonia. Faça a análise.

Exercício 77 Harmonize a primeira parte de *Diz que fui por aí* (Zé Kéti). No fim do livro, encontrará uma sugestão, mas faça a sua harmonia antes. faixa 32 (só a melodia gravada)

Harmonize outras músicas semelhantes, de sua escolha.

Repertório de exemplos: *Saudade da Bahia* (Dorival Caymmi), *Samba de Orly* (Toquinho/Chico Buarque/Vinicius de Moraes), *Homenagem ao malandro* (Chico Buarque), *Lugar comum* (João Donato/Gilberto Gil), *Brisa do mar* (João Donato/Abel Silva), *Cadê você?* (João Donato/Chico Buarque), *Juca* (Chico Buarque), *Feitinha pro poeta* (Baden Powell/Lula Freire), *Duas contas* (Garoto), *Tempo feliz* (Baden Powell/Vinicius de Moraes)

▪ Preparação diminuta

A qualquer acorde dominante pode ser acrescentada uma nona menor (♭9), nota de tensão que enriquece seu som.

[Exemplo musical: G7 e G7(♭9)]

Ao tocarmos este acorde sem a fundamental, temos um novo acorde com som semelhante:

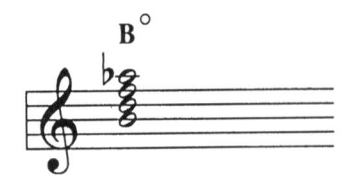

[Exemplo musical: B°]

A cada acorde dominante corresponde um acorde diminuto cuja nota fundamental é a 3ª do acorde dominante, estando assim 3M acima.

Exercício 78
a. o diminuto correspondente a **A7** é ....
b. o diminuto correspondente a **D7** é ....
c. o diminuto correspondente a **C7** é ....
d. o dominante correspondente a **G°** é ....
e. o dominante correspondente a **F°** é ....
f. o dominante correspondente a **A♯°** é ....

A característica preparatória do acorde dominante acontece por causa da presença da 4J e 7M da tonalidade (*si* e *fá* em **G7**: 3M e 7m do acorde, respectivamente):

Ex. *tom de dó*

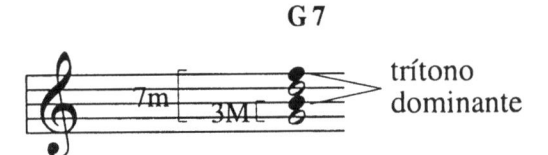

[Exemplo musical: G7 com indicação de 7m, 3M, trítono dominante]

Ambas as notas formam, entre si, o intervalo de 5 dim ou 4 aum, conforme a posição do acorde.

Este intervalo representa a metade da oitava: *três tons* inteiros. Daí o nome: *trítono*. A instabilidade da combinação das duas notas vem do fato de *si* desejar alcançar *dó* e *fá* desejar alcançar *mi*, ou *mi♭* quando no tom menor.

```
G7   C      G7   C      G7   Cm     G7   Cm
```

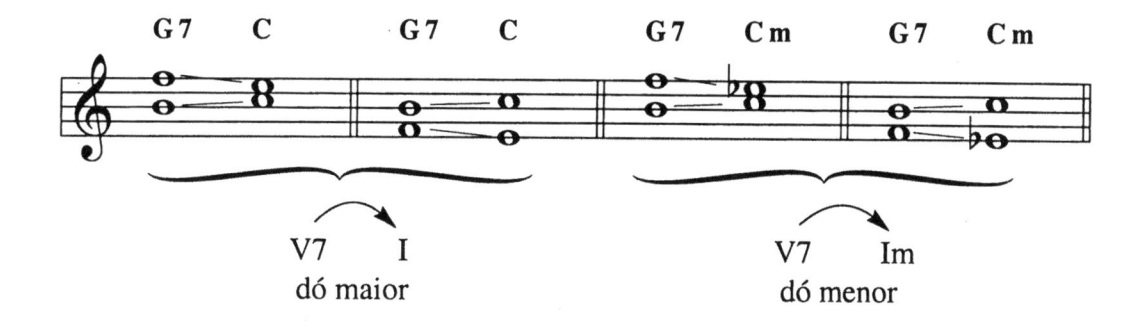

```
V7    I              V7    Im
dó maior             dó menor
```

O trítono é a essência do som dominante. A semelhança entre os dois acordes (**G7** e **B°**) vem da presença do *trítono dominante* em ambos:

```
G7    B°
```

Daí a possibilidade de um substituir o outro.

A seqüência

I7M	V7	IIm7	V7	IIIm7	V7	IV7M	V7	V7	V7	VIm7	V7	I7M
C 7M	A 7	D m7	B 7	E m7	C 7	F 7M	D 7	G 7	E 7	A m7	G 7	C 7M

pode ser transformada em

I7M	♯I°	IIm7	♯II°	IIIm7	III°	IV7M	♯IV°	V7	♯V°	VIm7	VII°	I7M
C 7M	C♯°	D m7	D♯°	E m7	E°	F 7M	F♯°	G 7	G♯°	A m7	B°	C 7M

Exercício 79 Substitua os diminutos acima por dominantes secundários na 1ª inversão.

| C 7M | ___ | D m7 | ___ | E m7 | ___ | F 7M | ___ | G 7 | ___ | A m7 | ___ | C 7M | ___ |

Toque as duas progressões observando as semelhanças. Entre **A7/C♯** e **C♯°**, por exemplo, só há uma nota diferente. Qual?

Observações:

1. O diminuto é analisado em relação ao tom principal (e não ao tom secundário), sendo assim impróprio o uso da seta.

2. Os números I a VII representam os sete graus do tom *maior*. Assim sendo, sempre que o acorde diminuto estiver situado em grau alterado, deve-se colocar ♯ ou ♭ antes do algarismo romano, independentemente das alterações impostas pela armadura de clave. Exemplo:

No tom de si♭ maior

I	♯I°	IIm7
B♭	B°	Cm7

O sinal da alteração ♯ ou ♭ é colocado *antes* do algarismo romano (e não *depois*, como na cifragem).

3. Os acordes diminutos *preparam* o próximo acorde, por sua função dominante (graças à presença do trítono).

4. O baixo do acorde diminuto sobe $1/2$ tom na sua resolução, ao invés de descer 5J, como faz o acorde dom7.

5. A linha do baixo executa uma escala cromática ascendente, "amarrando" a seqüência.

6. Os diminutos são elos que ligam dois graus diatônicos vizinhos, sendo por isso chamados *diminutos de passagem*.

7. Tal como o acorde dom7, o diminuto pode resolver em acorde maior ou menor.

Agora, ao invés de colocar os diminutos antes dos acordes em ordem *ascendente* (I II III IV etc.), coloquemos antes dos acordes em ordem *descendente*:

I7M	♯V°	VIm7	♯IV°	V7	III°	IV7M	♯II°	IIIm7	♯I°	IIm7	VII°	I7M
C 7M	G♯°	A m7	F♯°	G 7	E°	F 7M	D♯°	E m7	C♯°	D m7	B°	C 7M

A linha do baixo, agora, vai descer em ziguezague, pois as resoluções continuam por $1/2$ tom ascendente. (O efeito dessa seqüência é notável, bastante usada pelos compositores Schumann, Chopin e outros da época romântica.) Os diminutos, aqui, não são de passagem, mas de *aproximação*. O baixo do diminuto de aproximação alcança o próximo acorde por $1/2$ tom, mas vem de um salto. Já o baixo do diminuto de passagem é conduzido, antes e depois, por $1/2$ tom e na mesma direção.

Exercício 80 Classifique os acordes diminutos em *diminutos de passagem* e *diminutos de aproximação*:

a.
‖ A 7M   A♯° | B m7 ‖

b.
‖ D 7M   A♯° | B m7 ‖

c.
‖ D m7   A° | B♭7M ‖

d. ‖ C#° | D 7 ‖

e. ‖ D♭7M D° | E♭7 ‖

f. ‖ E 7M G#° | A 7M ‖

▪ Diminutos não-preparatórios

1. O *diminuto* em direção *descendente* é mais usado entre o III e II graus:

```
   IIIm7  ♭III°      IIm7
‖  Em7   E♭°    |   Dm7    ‖
```

Observemos:

– em direção descendente, a análise é ♭III°; em direção ascendente é #II° (obedecendo à notação da escala cromática)

– **E♭°** não tem a função preparatória, pois *não* pode ser substituído por acorde *dom7* 3M abaixo; em outras palavras, não inclui as notas do trítono preparatório para **Dm7**. O acorde dominante que prepara **Dm7** é **A7**, cujo trítono é *dó# sol*. Estas notas não estão presentes em **E♭°**. O diminuto descendente (♭III°) não tem função dominante, pois não "prepara" o próximo acorde (IIm7): apenas alcança cromaticamente o próximo acorde, sendo suas notas conduzidas 1/2 tom abaixo ou permanecendo as mesmas:

```
   ♭III°        IIm7
   E♭°          Dm7
```

2. O acorde diminuto chamado *diminuto auxiliar* cai em acorde maior com o mesmo baixo. Esse diminuto também não tem função dominante, pela ausência das notas do trítono preparatório do próximo acorde (ou seja: não pode ser substituído por dom7 3M abaixo):

Dó maior

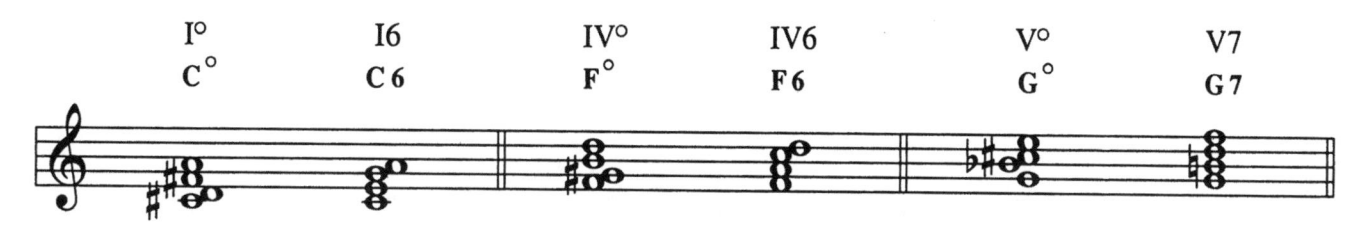

| I° | I6 | IV° | IV6 | V° | V7 |
| C° | C6 | F° | F6 | G° | G7 |

No tom maior, são acordes maiores os situados nos graus I IV V.

3. Como acabamos de constatar, o baixo do acorde diminuto tem três opções de movimento para o acorde seguinte: $1/2$ tom ascendente (diminuto preparatório), $1/2$ tom descendente (não-preparatório) e baixo repetido (não-preparatório). O diminuto pode ainda cair, por $1/2$ tom ascendente ou descendente, em *acorde invertido*. As situações mais comuns em dó maior são:

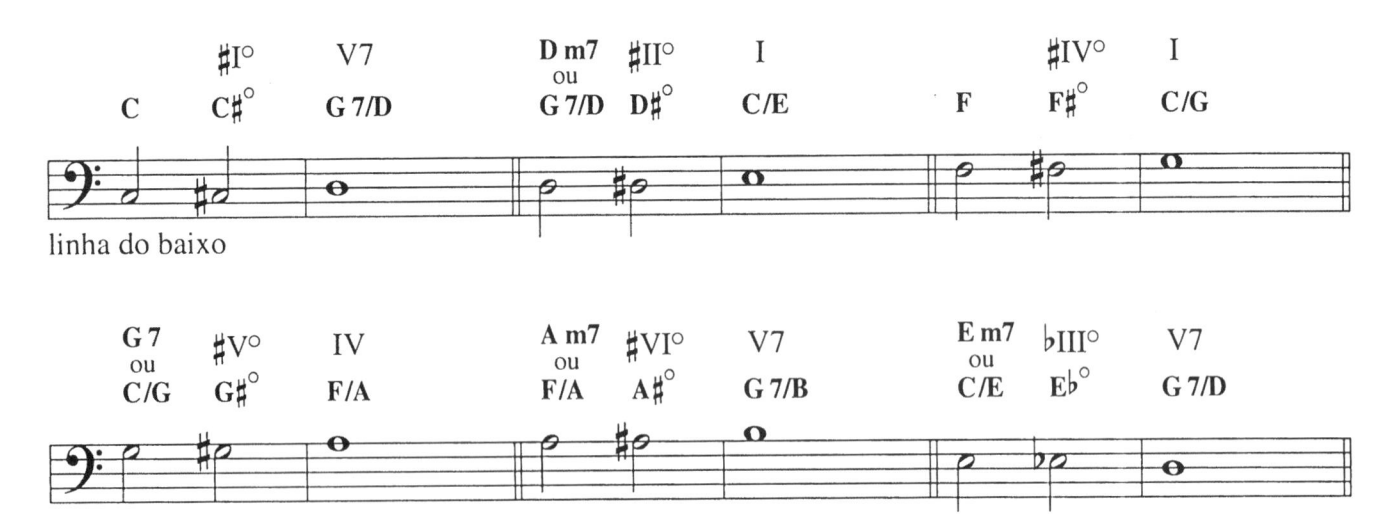

linha do baixo

Estes diminutos não preparam o próximo acorde por causa da ausência do trítono preparatório, exceto o diminuto descendente (último exemplo).

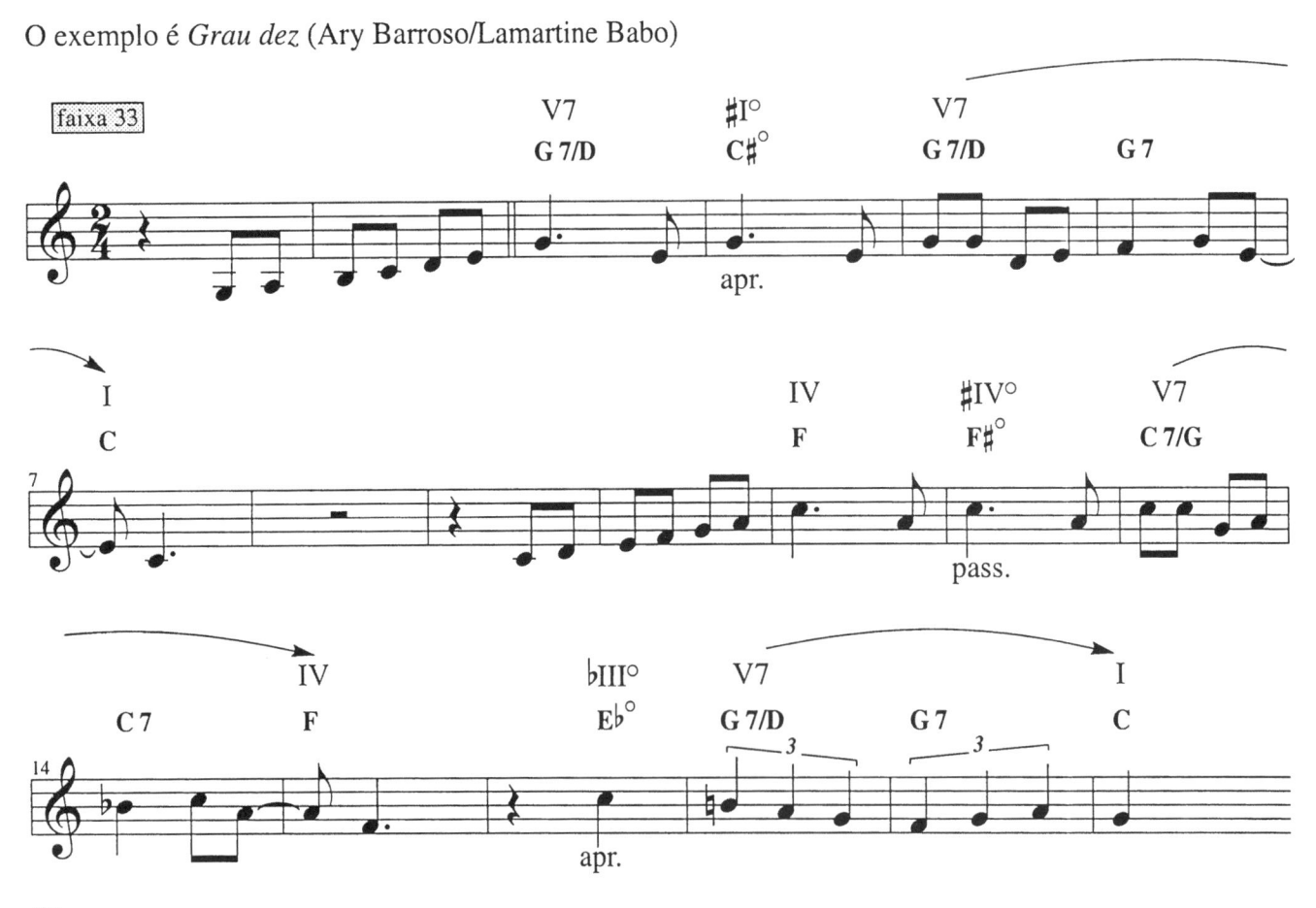

O exemplo é *Grau dez* (Ary Barroso/Lamartine Babo)

Estes acordes diminutos não têm função preparatória por caírem em inversão, exceto E♭°.

Quanto ao *caminho do baixo*, encontramos dois diminutos de aproximação e um de passagem. C♯° não é "passagem" por não ligar dois graus vizinhos.

Para uma boa compreensão dos acordes diminutos, é aconselhável classificá-los
1. quanto à sua função
2. quanto ao caminho do baixo, além da análise convencional por graus.

A seguir, um *resumo* quanto à função e ao caminho do baixo dos diminutos, além de alguns comentários.

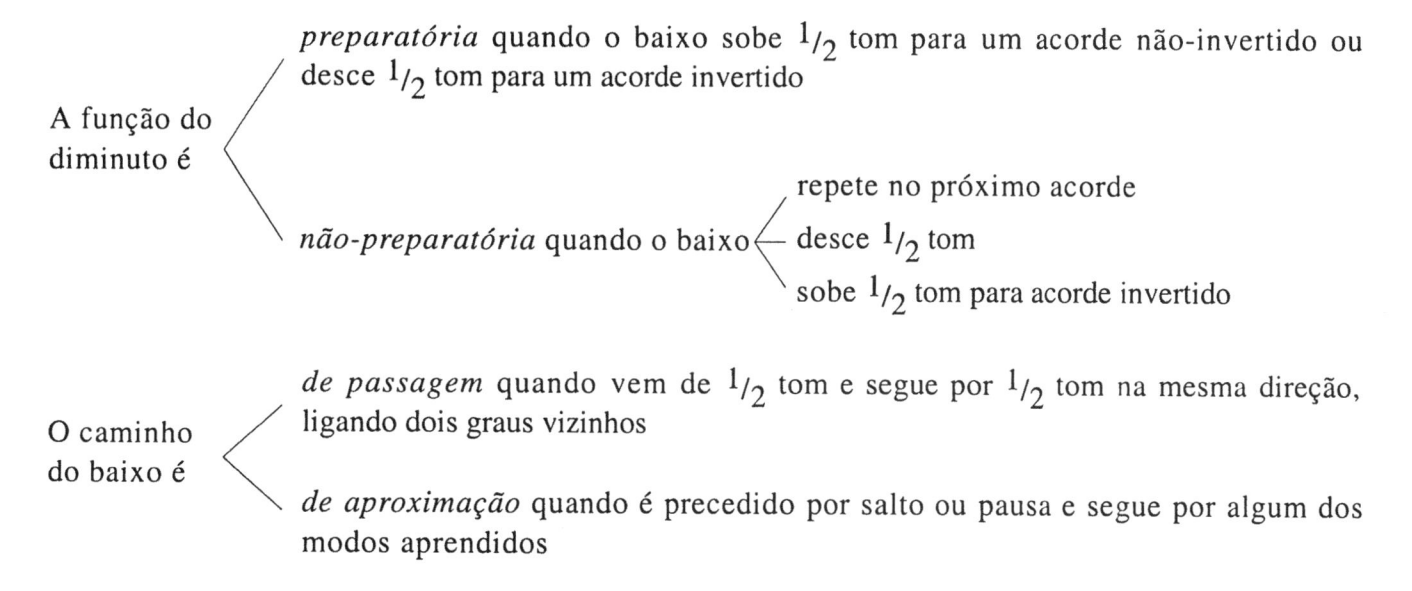

A função do diminuto é
- *preparatória* quando o baixo sobe $1/2$ tom para um acorde não-invertido ou desce $1/2$ tom para um acorde invertido
- *não-preparatória* quando o baixo
  - repete no próximo acorde
  - desce $1/2$ tom
  - sobe $1/2$ tom para acorde invertido

O caminho do baixo é
- *de passagem* quando vem de $1/2$ tom e segue por $1/2$ tom na mesma direção, ligando dois graus vizinhos
- *de aproximação* quando é precedido por salto ou pausa e segue por algum dos modos aprendidos

Pelo movimento do baixo, os acordes diminutos alcançam o próximo acorde por semitom ascendente ou descendente, ou ainda com o baixo repetido.

O acorde diminuto divide a oitava em quatro intervalos de $1\ 1/2$ tom:

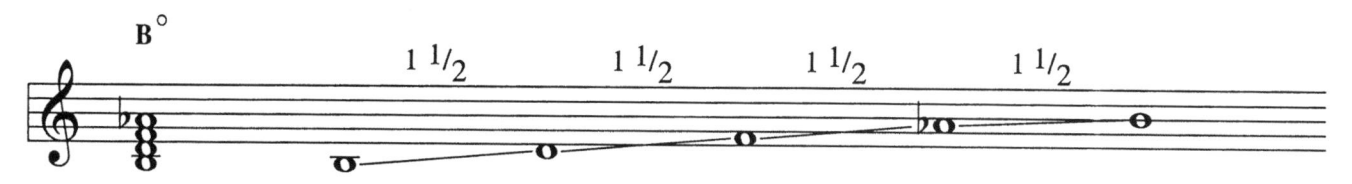

Por sua simetria intervalar, suas inversões formam novos acordes diminutos, não sendo correto a cifragem de acorde invertido:

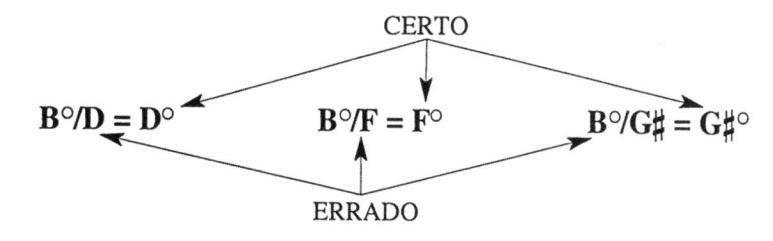

CERTO

B°/D = D°   B°/F = F°   B°/G♯ = G♯°

ERRADO

Por isso, as 12 notas da oitava formam apenas *três acordes diminutos*, sendo os demais inversões dos mesmos:

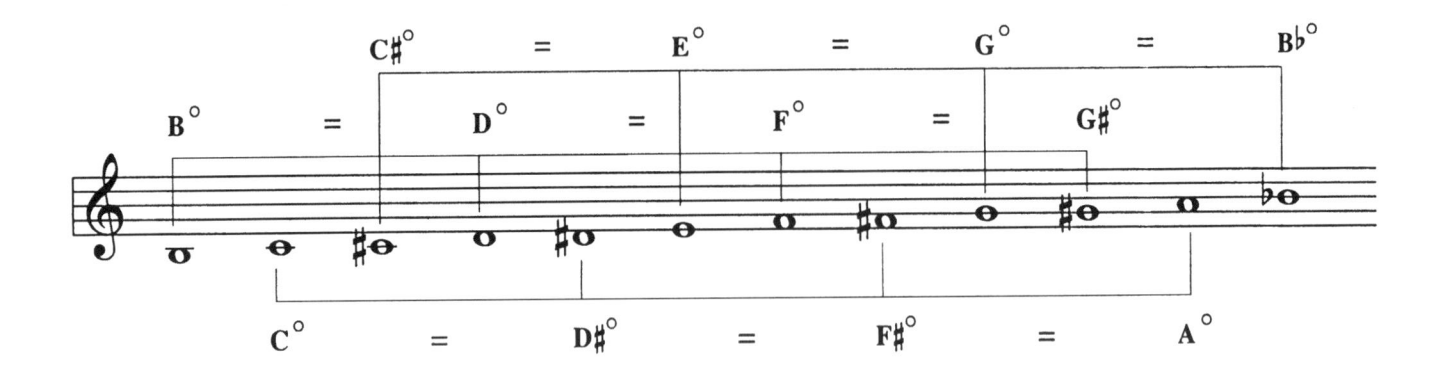

$$C\sharp° = E° = G° = B\flat°$$
$$B° = D° = F° = G\sharp°$$
$$C° = D\sharp° = F\sharp° = A°$$

Havendo intenção de uso de acorde diminuto, dentre os *três diminutos* existentes, verificar qual é compatível com a melodia. Subseqüentemente, a escolha da "inversão" melhor é feita pelo critério de *condução linear do baixo*, estudada anteriormente.

Para analisar os diminutos que alcançam o próximo acorde com *salto* no baixo, devemos achar a sua "intenção", ou seja, sua inversão que dê a passagem *linear* no baixo.

É útil anotar a "intenção" da cifra logo abaixo da cifra "aparente" e a análise será conforme a *intenção*:

```
   I         #IV°    V7      I
|| C       | A°     G 7    | C         ||
            [F#°]
```

Exercício 81 Analisar.

a.
|| G   B° | A m7   D 7 | G ||

b.
|| A   A° | B m7   E 7 | A ||

c.
|| F   C° | B♭7M   A° | C 7/G   G° | F ||

Apesar das exceções com saltos, conduzir o baixo linearmente é sempre a melhor opção.

Exemplo de quatro possíveis inversões de uma "dupla" de acordes, cada qual com seu "par":

```
   V°      V7      ♯VI°     V7       ♯I°     V7      III°     V7
‖  G°     G 7   ‖  A♯°    G 7/B  ‖  C♯°   G 7/D  ‖  E°     G/F   ‖
```

Note a semelhança entre os quatro movimentos, observando a sutil diferença entre eles.

Analise o início de *Palpite infeliz* (Noel Rosa). Classifique os diminutos quanto à função (prep. ou ñ./prep.) e quanto ao caminho do baixo (pas., apr. ou aux.)

faixa 34

V7	I	♯IV°	I		V7
B♭7	E♭/B♭	A°	E♭/B♭	E♭	G 7

ñ/prep.
apr.

VIm	♯I°	V7	V7	♯V°
Cm	E°	B♭7/F	A♭7/E♭ *	G 7/D	D° **

ñ/prep.
apr.

[B°]
prep.

VIm		V7	V7
Cm		F 7	F 7/A	B♭7

* ainda não estudado
** a inversão disfarçada (**D°**) não se classifica pelo caminho do baixo.

Exercício 82 Analisar a harmonia e classificar os diminutos do início de *Rosa morena* (Dorival Caymmi).

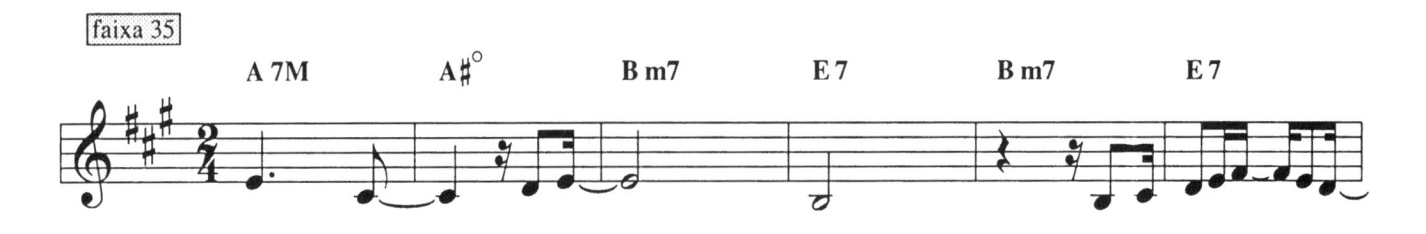

Exercício 83 Percepção faixa 36. Ouça as quatro progressões, tente anotá-las inicialmente sem o uso do instrumento. Escreva as cifras analíticas seguidas das cifras práticas nos tons de ré maior e sol maior.

Exercício 84 Percepção faixa 37. Ouça e escreva a harmonia inicial de *Este seu olhar* (Tom Jobim). Analise.

Exercício 85 Harmonize o refrão de *Eu sonhei que tu estavas tão linda* (Lamartine Babo/Francisco Matoso). O uso de acordes diminutos como neste trecho é muito freqüente na música brasileira.

faixa 38 (só a melodia gravada)

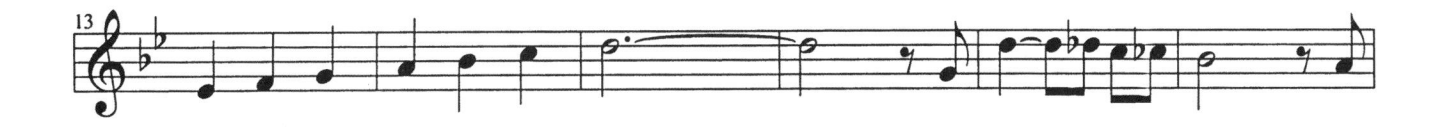

Repertório de exemplos: *Isaura* (Herivelto Martins/Roberto Roberti), *Amélia* (Dorival Caymmi), *Pra machucar meu coração* (Ary Barroso), *Lígia* (Tom Jobim), *Eu sei que vou te amar* (Tom Jobim/Vinicius de Moraes), *Também, quem mandou* (Carlos Lyra/Vinicius de Moraes), *Na carreira* (Edu Lobo/Chico Buarque), *O samba da minha terra* (Dorival Caymmi), *Lua lua lua lua* (Caetano Veloso), *Qualquer coisa* (Caetano Veloso), *Os quindins de Iaiá* (Ary Barroso), *Palmeira triste* (Ary Barroso/Lamartine Babo), *Cotidiano* (Chico Buarque).

▪ Dominante substituto

Em **G7** a nota *si* forma, em relação à fundamental *sol*, o intervalo de 3M, e *fá* o intervalo de 7m.

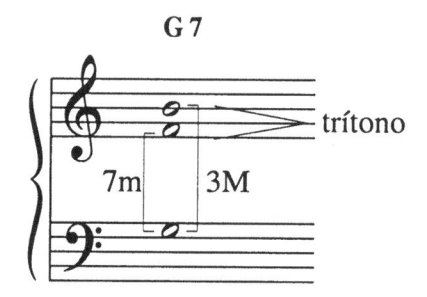

O *trítono* si-fá é responsável pelo som preparatório característico do acorde dominante. Sua resolução é em *dó-mi* (ou mi♭) respectivamente:

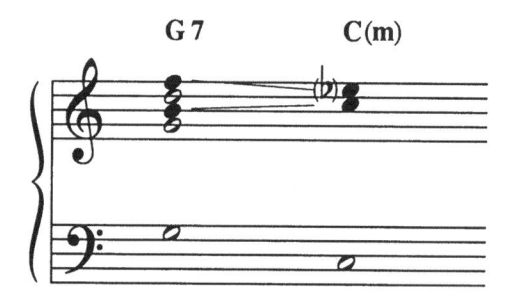

O trítono (3 tons) *si-fá* divide a oitava (6 tons) em duas partes iguais

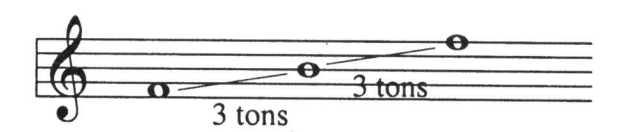

Graças a essa simetria, haverá uma nova nota fundamental por baixo do mesmo trítono, formando 3M com *fá* e 7m com *dó♭* (enarmonizado em *si*)

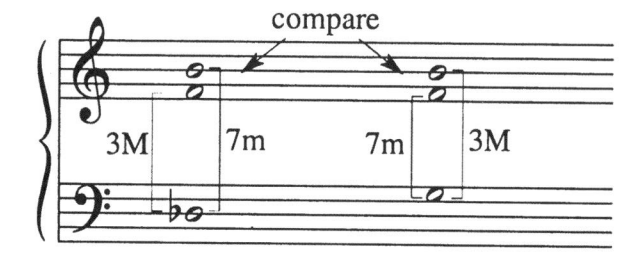

Surge, então, o acorde **D♭7** – perfeito substituto de **G7** (ambos possuem o mesmo trítono):

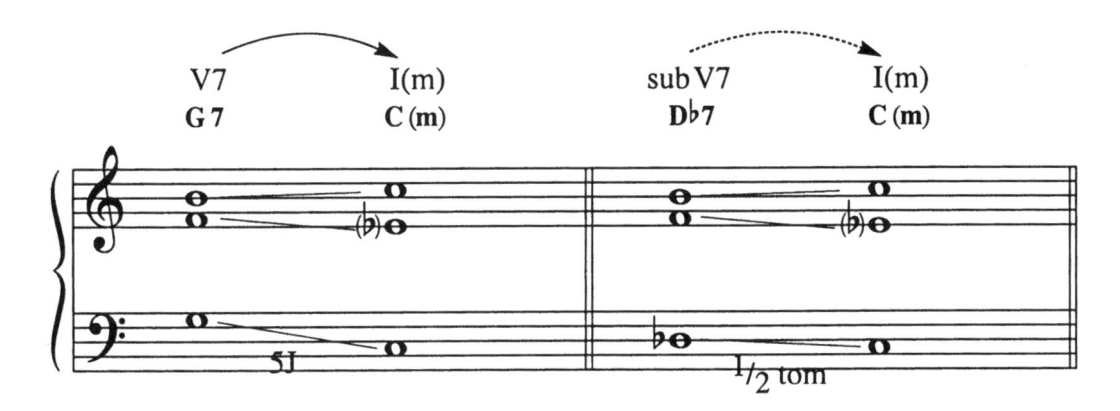

```
V7          I(m)        subV7       I(m)
G7          C(m)        D♭7         C(m)
```

O símbolo sub V7 representa *dominante substituto* (ou sub V) e a seta tracejada representa o caminho do baixo (1/2 tom descendente). Compare: representa 5J descendente no baixo. As setas representam resolução dominante.

Qualquer acorde maior ou menor pode ser preparado por sub V7 situado 1/2 tom acima. Sendo o baixo do sub V7 conduzido por semitom descendente, nunca será cifra com ♯ (obedecendo ao cromatismo descendente):

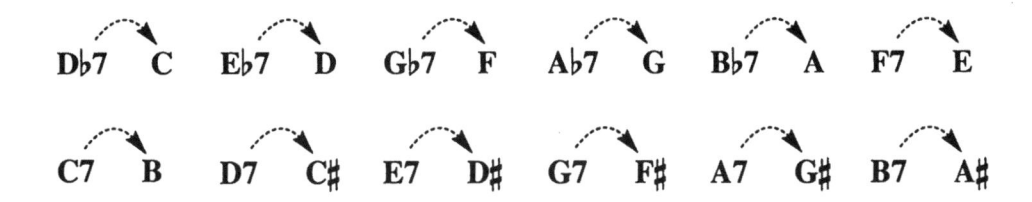

D♭7 C   E♭7 D   G♭7 F   A♭7 G   B♭7 A   F7 E

C7   B   D7   C♯   E7   D♯   G7   F♯   A7   G♯   B7 A♯

Desta forma, sub V7 e sua resolução serão cifrados com letras diferentes, exceto em

a) E7 E♭   B7 B♭ (evitando F♭7 E♭ C♭7 B♭ respectivamente), embora eventualmente isto possa ocorrer.

b) D7 D♭ G7 G♭ A7 A♭ para evitar E♭♭7 D♭ A♭♭7 G♭ B♭♭7 A♭ respectivamente; o uso de acidentes dobrados (♭♭ x) é evitado em cifras, salvo em trabalhos altamente especializados.

Sub V7 secundários. A exemplo dos dominantes secundários, os acordes diatônicos de cada grau podem ser preparados pelos respectivos sub V7, exceto se forem acordes diminutos.
Exemplo em sol maior:

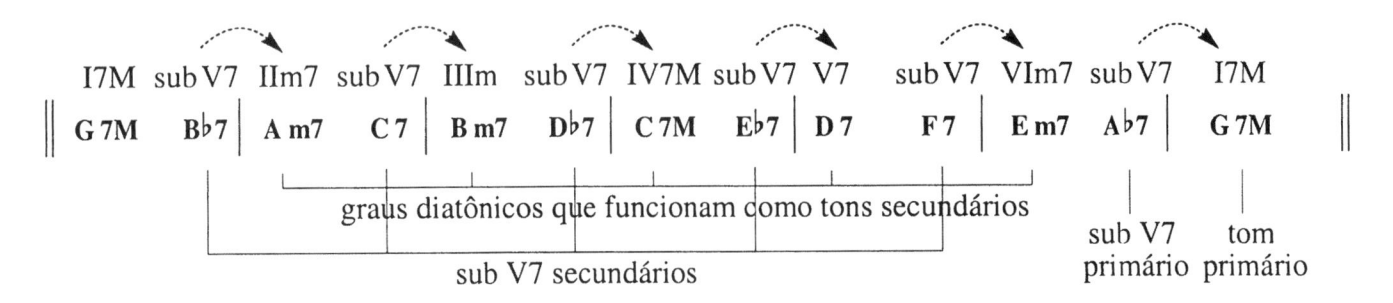

```
  I7M  subV7  IIm7  subV7  IIIm  subV7  IV7M  subV7  V7  subV7  VIm7  subV7  I7M
‖ G7M  Bb7  | Am7   C7   | Bm7   Db7  | C7M   Eb7  | D7  F7   | Em7   Ab7  | G7M  ‖
```

graus diatônicos que funcionam como tons secundários

sub V7 secundários

sub V7 primário — tom primário

Exercício 86 Escreva a seqüência acima no tom de si♭ maior. Repita o exercício em outros tons.

Exercício 87 Toque a seqüência acima em todos os tons. Após anotar e ler a seqüência em alguns tons, experimente tocá-la de ouvido.

Exercício 88 no tom dó maior, sub V7 IV é **G♭7**

    a. no tom fá maior, sub V7 III é ....

    b. no tom lá maior, sub V7 VI é ....

    c. no tom mi♭ maior, sub V7 II é ....

    d. no tom mi maior, sub V7 V é ....

Exercício 89

    a. no tom dó maior, **B♭7** é sub V7 ....

    b. no tom ré maior, **E♭7** é sub V7 ....

    a. no tom si maior, **F7** é sub V7 ....

    a. no tom lá♭ maior, **E7** é sub V7 ....

Exercício 90

    a. no tom ...... maior, sub V7 VI é **D7**

    b. no tom ...... maior, sub V7 III é **D7**

    c. no tom ...... maior, sub V7 II é **D7**

    d. no tom ...... maior, sub V7 III é **G♭7**

Exercício 91 Escreva as cifras pedidas pela análise no tom indicado:

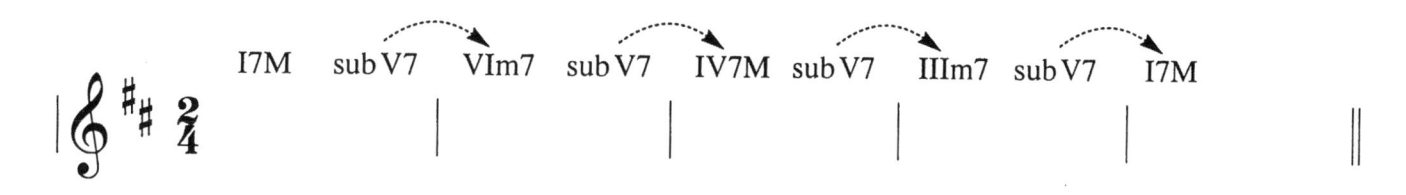

I7M   subV7   VIm7   subV7   IV7M   subV7   IIIm7   subV7   I7M

Tendo o sub V7 resolução de semitom descendente, é possível obter efeito interessante organizando os acordes em ordem *descendente* e preparando cada grau com seu respectivo sub V7. A linha do baixo apresentará cromatismo descendente:

I7M	subV7	VIm7	subV7	V7	subV7	IV7M	subV7	IIIm7	subV7	IIm7	subV7	I7M
G7M	F7	Em7	E♭7	D7	D♭7	C7M	C7	Bm7	B♭7	Am7	A♭7	G7M

Lembre-se de que a preparação diminuta dos graus, organizados em ordem ascendente, resulta em linha do baixo cromática ascendente.

Exercício 92 Em lá maior, faça a progressão ascendente com preparação diminuta e descendente com sub V7. Acrescente a análise.

No capítulo "II V secundário", fizemos o desdobramento de V7 em IIm7 V7 (ocupando a mesma duração do acorde original):

V7 → I   V7 → Im
D7 | G   D7 | Gm

IIm7 V7 → I   IIm7(♭5) V7 → Im
Am7 D7 | G   Am7(♭5) D7 | Gm

Preparação para maior   Preparação para menor

Façamos o mesmo com sub V7:

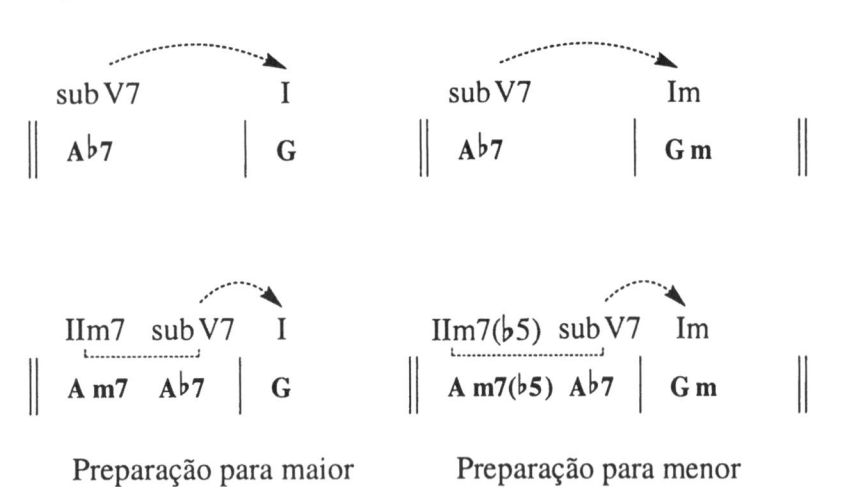

```
  subV7         I            subV7         Im
‖  A♭7    |    G    ‖      ‖  A♭7    |    Gm   ‖
```

```
  IIm7   subV7    I          IIm7(♭5)  subV7   Im
‖  Am7   A♭7  |   G   ‖    ‖  Am7(♭5)  A♭7  |  Gm  ‖
    Preparação para maior        Preparação para menor
```

Observar a 5J descendente no baixo entre os acordes **Am7 D7** e entre **D7 G**. Já entre **Am7 A♭7** o baixo desce $1/2$ tom, o mesmo acontecendo entre **A♭7 G**. A linha contínua em └─────┘ e ⌒↘ representa 5J descendente no baixo, e a linha tracejada em └·····┘ e ⌒↘ representa $1/2$ tom descendente.

Vale lembrar que └─────┘ e └·····┘ representam a relação IIm7 V7 e IIm7 sub V7 enquanto ⌒↘ e ⌒↘ a relação preparação-resolução.

Preparação dos acordes diatônicos por IIm7 sub V7 secundários, ainda no tom de sol maior:

```
  I7M     IIm7(♭5) subV7  IIm7     IIm7(♭5) subV7  IIIm7    IIm7   subV7   IV7M
‖ G7M  |  Bm7(♭5)  B♭7  | Am7   |  C♯m7(♭5)  C7  |  Bm7   |  Dm7   D♭7  |  C7M   |
```

```
  IIm7   subV7   V7        IIm7(♭5)  subV7  VIm7      IIm7   subV7   I7M
‖ Em7   E♭7  |   D7    ‖  F♯m7(♭5)   F7  |  Em7   |  Am7   A♭7  |   G7M   ‖
```

Observe que **Em7** no compasso 8 é analisado IIm7 (vinculado ao tom secundário de Ré), e no compasso 11 a análise do mesmo acorde é VIm7 (vinculado ao tom principal). **F♯m7(♭5)** seria VIIm7(♭5) no tom de sol, mas aqui soa IIm7(♭5) cadencial, vinculado ao tom secundário de mi menor. Acordes que podem ser analisados de duas maneiras são chamados acordes de *função dupla* e sua análise é determinada pelo contexto estabelecido nos acordes anteriores.

Exercício 93 Escreva a progressão acima no tom de mi maior.

Exemplo: *El día que me quieras* (Carlos Gardel/Alfredo Le Pera). O uso de sub V7 consecutivos resulta em linha cromática descendente no baixo, contrastando com o movimento ascendente da melodia. O efeito transmite força e solenidade ao trecho, próprias ao clima da música.

[faixa 39]

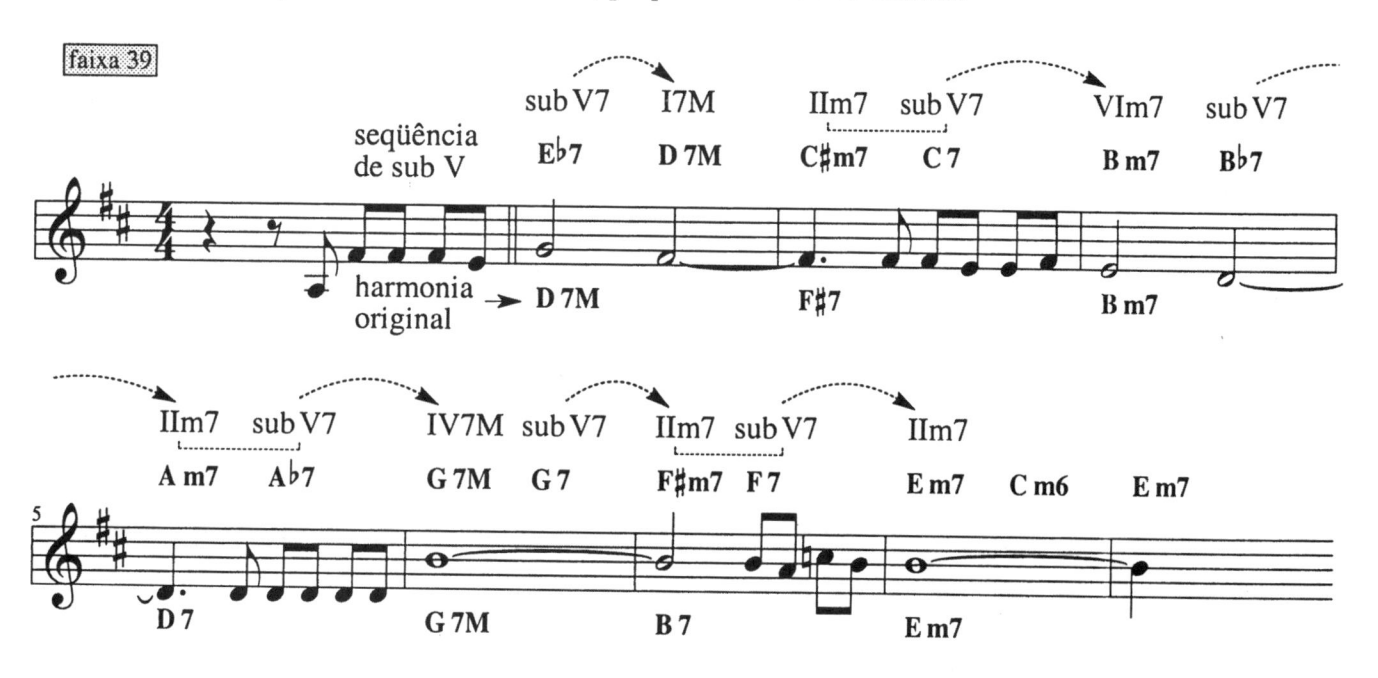

sequência de sub V | sub V7 | I7M | IIm7 | sub V7 | VIm7 | sub V7
Eb7 | D 7M | C#m7 | C7 | Bm7 | Bb7

harmonia original → D 7M   F#7   Bm7

IIm7 sub V7 | IV7M sub V7 | IIm7 sub V7 | IIm7
Am7 Ab7 | G 7M G7 | F#m7 F7 | Em7 Cm6 Em7

D7   G 7M   B7   Em7

Observe:

– o ritmo harmônico foi dobrado em relação à harmonia original com a substituição dos dominantes secundários por seus respectivos IIm7 sub V7

– **Bb7** e **G7** preparam IIm7 cadenciais, em vez de acordes diatônicos. Acordes dominantes que preparam outros dominantes são dominantes estendidos, e serão estudados mais adiante.

Exercício 94 Analisar a harmonia da primeira parte de *Chorou, chorou* (João Donato/Paulo César Pinheiro).

[faixa 40]

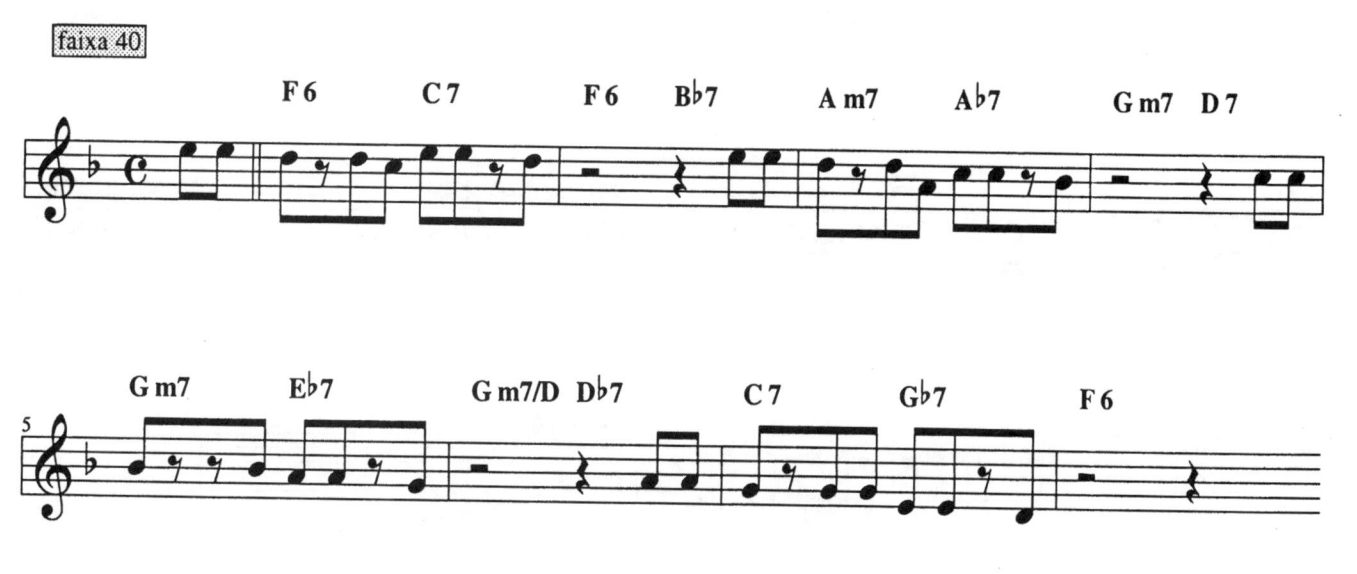

F6   C7   F6   Bb7   Am7   Ab7   Gm7 D7

Gm7   Eb7   Gm7/D Db7   C7   Gb7   F6

Exercício 95 Percepção [faixa 41]. Ouça a gravação. Escreva-a em dó maior. São sete compassos, dois acordes por compasso (exceto: um acorde no primeiro e um no último compasso). É mais fácil antes perceber os graus (a análise) para então anotar as cifras.

Exercício 96 Percepção. Ouça e escreva a harmonia da primeira parte de *Samba de uma nota só* (Tom Jobim/Newton Mendonça). Faça a análise.

[faixa 42]

Exercício 97 Mais uma harmonização para você "perceber" e anotar: a primeira parte de *Pecado original* (Caetano Veloso). Faça a análise.

[faixa 43]

Exercício 98 Harmonize *Sampa* (Caetano Veloso) em dó maior. Use alguns sub V onde achar interessante.

[faixa 44]

(partitura musical)

Repertório de exemplos: *Amanhecendo* (Roberto Menescal/Lula Freire), *Até quem sabe* (João Donato/Lysias Ênio), *O sol nascerá* (Cartola/Elton Medeiros), *É luxo só* (Ary Barroso/Luiz Peixoto), *Batida diferente* (Mauricio Einhorn/Durval Ferreira), *Minha saudade* (João Donato/João Gilberto)

▪ Resumo das preparações dos graus

O acorde maior ou menor, ocupando qualquer grau da tonalidade, pode ser preparado de três maneiras:

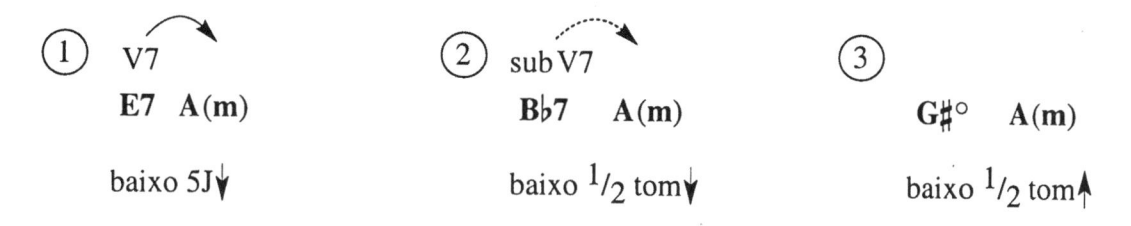

① V7   ② sub V7   ③

    E7   A(m)   B♭7   A(m)   G♯°   A(m)

    baixo 5J↓   baixo ½ tom↓   baixo ½ tom↑

V7 e sub V7 podem ser desdobrados em dois acordes:

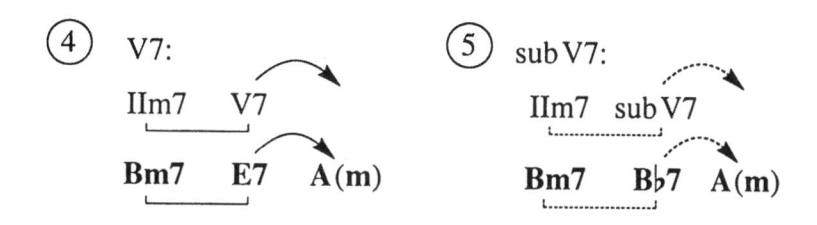

④ V7:   ⑤ sub V7:

    IIm7   V7   IIm7   sub V7

    Bm7   E7   A(m)   Bm7   B♭7   A(m)

Exemplo: *Vamos, maninha* (folclore); fazer as cinco preparações possíveis para cada acorde de repouso:

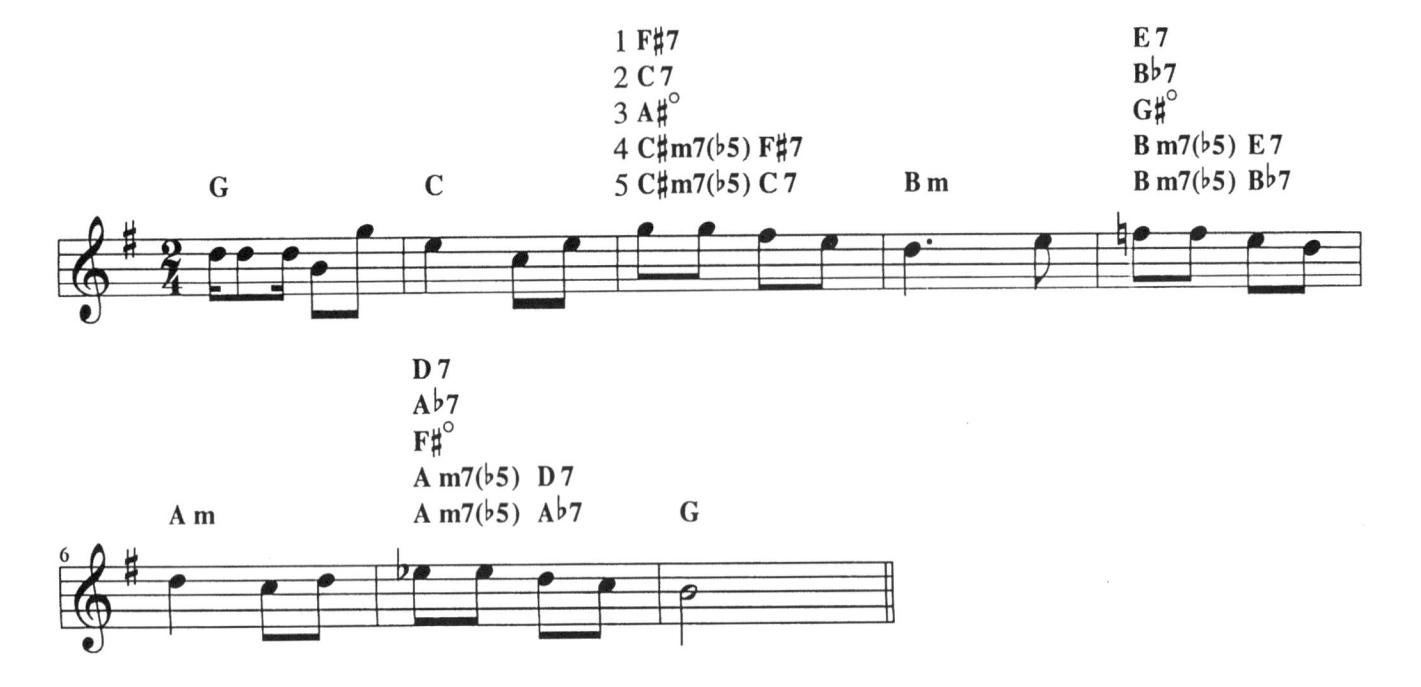

```
                    1 F#7                                    E 7
                    2 C 7                                    Bb7
                    3 A#°                                    G#°
                    4 C#m7(b5) F#7                           B m7(b5) E 7
        G       C   5 C#m7(b5) C 7        B m                B m7(b5) Bb7
```

```
            D 7
            Ab7
            F#°
            A m7(b5) D 7
    A m     A m7(b5) Ab7       G
```

A escolha depende de estilo e gosto pessoal. Em determinado trecho, a mistura das preparações pode resultar em som forçado. Faça a experiência.

Exercício 99 Toque *Sampa* (Caetano Veloso) com cada tipo de preparação. Em toda a extensão da música, um só tipo de preparação gera monotonia. Procure definir cada preparação, observando fluência e variedade, sem perder a unidade. Uma das soluções é a resposta para o exercício 98. Confira.

B ◆ ESCALAS DE ACORDES

1 Generalidades e definições

A cifra indica as notas disponíveis para a formação do acorde e dá a sua inversão. Entretanto, sendo uma notação musical *aleatória* (esboçada), não informa a posição do acorde, ou seja, não define em qual distribuição as notas devem aparecer ou se elas devem ou não ser duplicadas ou omitidas.

Pelo conceito atual, o acorde (e seu símbolo, a cifra) não só reúne as notas que o caracterizam, chamadas *notas de acorde* (n.a.), mas outras notas também que o enriquecem, chamadas *notas de tensão* (T), embora a cifragem não indique necessariamente essas notas. As n.a. e as de T, reunidas, formam uma escala de sete notas (às vezes seis ou oito), chamada *escala de acorde*. A escala de acorde nunca tem dois semitons adjacentes entre seus graus, nem saltos maiores que um tom (a única exceção será vista posteriormente).

Encontram-se ainda na escala de acorde *notas de escala* (S), que não são de T nem n.a. e servem como simples complementos ou alternativas de n.a para reforçar o timbre, como a 6M nos acordes maiores e menores.

Finalmente, a escala de acorde também pode incluir notas a serem *evitadas* (EV) na realização do acorde, mas que podem ser usadas na linha melódica, em caráter passageiro. Quando usadas no acorde, comprometem a clareza e/ou a identidade no som do acorde.

A escala de acorde é a fonte clara e segura para a montagem de acordes de um acompanhamento harmônico ou para linhas melódicas nas improvisações. Isto se dá porque a escala de acorde reúne todas as notas disponíveis para a criação de som rico e expressivo. No entanto, convém observar sempre as notas EV e as notas estranhas à escala.

Neste capítulo, definiremos as escalas de acordes mais comuns, mais usadas na linguagem tonal, tomando-as como ponto de partida para a montagem de todo e qualquer acorde já abordado até o presente momento.

■ Critérios para a escolha das notas da escala de acorde

A escala de acorde é determinada, basicamente, por quatro fatores:

1 - cifra (inclui notas de acorde e indicações eventuais de notas de tensão)
2 - análise (relação que o acorde tem com o tom principal ou com o tom do momento)
3 - notas da melodia (são decisivas na escolha da escala)
4 - estilo (linguagem simples ou sofisticada, consonante ou dissonante, folclórica, jazzística, *blues* etc.)

A escolha da escala de acorde é governada pelo respeito às notas indicadas na cifra; as demais notas são geralmente *diatônicas*. A indicação específica de tensões pela cifra pode apontar notas não-diatônicas (como acontece em dominantes substitutos e em cromatismos de linhas internas da harmonia).

■ Nomenclatura

Os nomes dados às escalas de acordes, na harmonia diatônica, são emprestados da música *modal*, tendo como origem as tribos da antiga Grécia: jônio, dórico, frígio, lídio, mixolídio, eólio e lócrio. Cada modo apresenta, na música modal, estrutura e notas características próprias. Estas notas características serão justamente as notas *evitadas* na harmonia tonal (evitadas para preservar o som das funções preparação-resolução). Fica claro portanto que a nomenclatura modal não alude ao modalismo enquanto escala de acorde, mas orienta sobre o uso ou supressão das notas modais na formação do acorde, conforme se queira som modal ou tonal, respectivamente.

Na harmonia não-diatônica, as escalas de acordes trazem nomes associativos que ajudam na compreensão de sua estrutura, por exemplo lídio ♭7.

Construção da escala de acorde

Para ilustrar o método e as etapas da construção, tomaremos como exemplo **A7** (V7 no tom de ré maior).

1 - Colocação das n.a. indicadas pela cifra (notas brancas), deixando espaço para as demais notas:

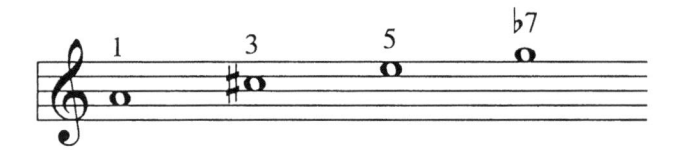

Os números sobre as notas indicam o intervalo que elas formam com a nota fundamental (números de 1 a 7, tomando por base os intervalos na escala *maior* sobre a nota fundamental do acorde):

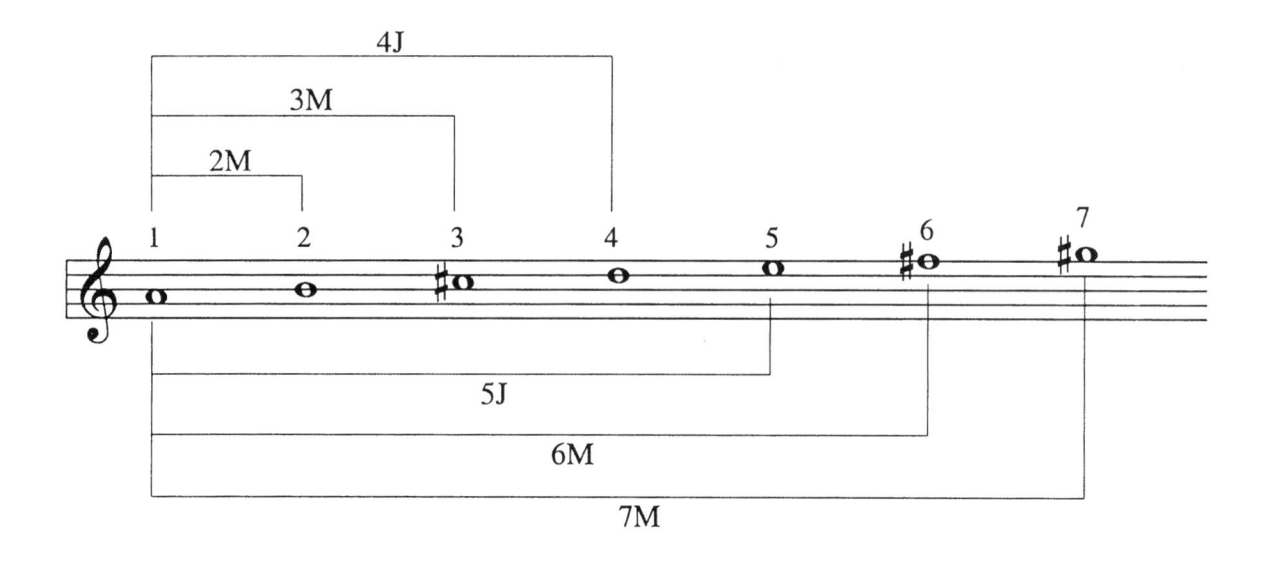

♭ ou ♯ antes do número indicam intervalo formado por nota localizada acima (♯) ou abaixo (♭) da nota da escala maior (em círculo):

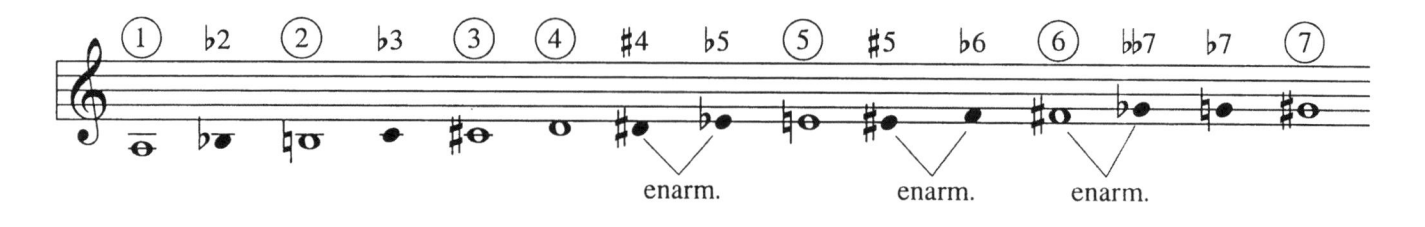

2 – Acrescentando novas terças à tétrade, surgem as *notas de tensão*, representadas por T9 T11 T13 (os intervalos de 2ª, 4ª e 6ª são assim chamados, respectivamente, quando notas de tensão):

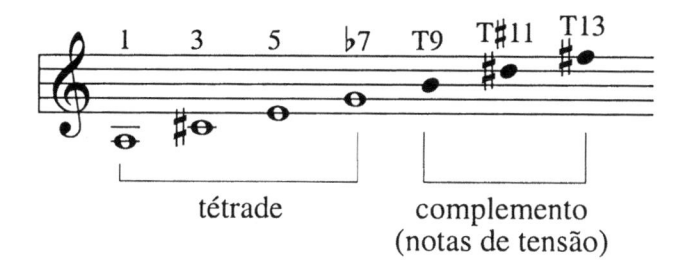

3 – A complementação da escala de acorde é feita pelas notas de tensão (notas pretas):

As possíveis variedades das tensões T9 T11 T13 ocorridas em **A7**:

As notas evitadas (EV) e as de escala (S) são pretas e as EV vêm entre parêntesis. Exemplo de EV: T11 no acorde dom7; exemplo de S: 6 no acorde 7M.

4 – *Em resumo*, nos acordes construídos sobre a nota fundamental *lá*, podem ocorrer as seguintes notas (incluindo n.a., T, S, EV) e seus respectivos símbolos númericos (que nem sempre são complementos de cifras):

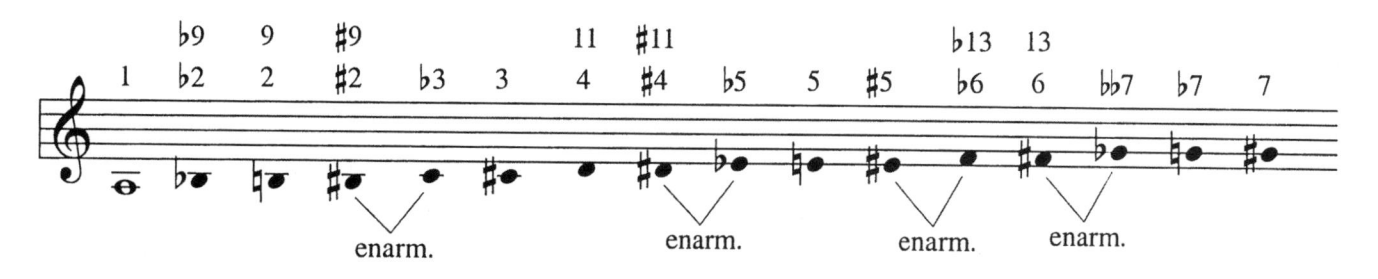

5 – *Quadro das nove estruturas de tétrades e suas n.a, T, S e EV.*

Cada estrutura de tétrade "aceita" certas notas de T com ela compatíveis. Mas essas notas são percebidas com maior naturalidade quando diatônicas ao tom ou ao tom do momento. O complemento da cifra, não obrigatoriamente, pode indicar seu uso. Apresentamos as nove estruturas mais usadas de tétrades com suas notas complementares:

ACORDES	N.A.	T	S	EV✱
7M	1 3 5 T7*	9 ♯11	6	4
7M(♯5)	1 3 T♯5 T7*	9 ♯11		4
7	1 3 5 ♭7	♭9 9 ♯9 ♭13 13		
7(♯5)	1 3 T♯5* ♭7	9 ♭5		
7(♭5)	1 3 T♭5* ♭7	9 ♯5		
m7	1 ♭3 5 ♭7	9 11		♭6 6
m(7M)	1 ♭3 5 T7	9 11	6	
m7(♭5)	1 ♭3 ♭5 ♭7	9 11 ♭13		
dim	1 ♭3 ♭5 ♭♭7	9 11 ♭13 7		

* assinaladas com T quando notas de tensão (além de serem n.a.)
✱ nota diatônica
* T♭5 ou T♯5 nestes acordes são T sem serem n.a., pois não contribuem à definição do som dominante. 5 só é n.a. se for J.

6 – Deve aparecer T antes do número indicador de tensão, S antes do número indicador de nota de escala e a nota EV deve ser colocada entre parêntesis, dispensando o número sobre ela. Somente as n.a. devem ser brancas, as demais notas pretas e todas sem haste.

7 – Junto à escala haverá, além do seu nome, as cifragens possíveis, sem e com indicação de notas de T. Estas últimas vêm, geralmente, entre parêntesis para distingui-las do som básico (n.a.).

2 | As escalas dos acordes já estudados

■ Acordes diatônicos

a) *As tríades diatônicas* são, obviamente, incluídas nas tétrades diatônicas e suas escalas que mostraremos a seguir. Para conservar o sabor, somente duas notas poderão ser acrescentadas à tríade: a 9M (um tom acima da nota fundamental) e a 6M (um tom acima da 5ª); ambas enriquecem a sonoridade e o timbre:

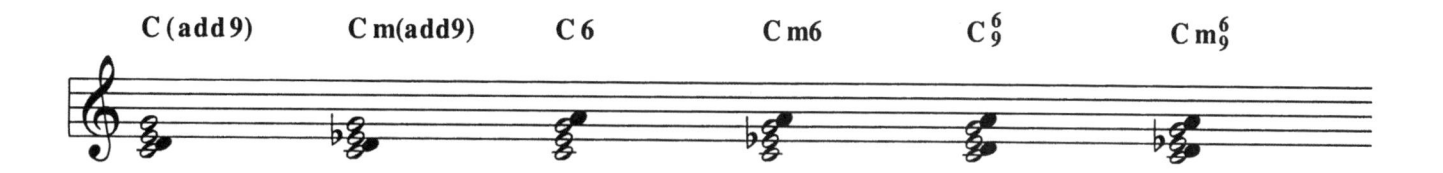

C(add9)   Cm(add9)   C6   Cm6   C$_9^6$ Cm$_9^6$

Na condição de notas da escala (S), 6M e 9M só estarão disponíveis se diatônicas ao tom. O uso do acorde de 6ª fica, de um modo geral, restrito aos I e IV graus do tom maior e menor; a tríade com 9ª acrescentada (add9, do inglês *added* 9) não tem restrição de graus.

b) *Tétrades diatônicas* (exemplo: dó maior)

JÔNIO

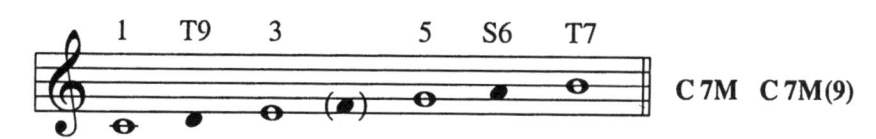

C 7M   C 7M(9)

Observações: – 7M é nota de T, mesmo sendo n.a.
– a nota de S6 pode ser acrescentada a qualquer montagem

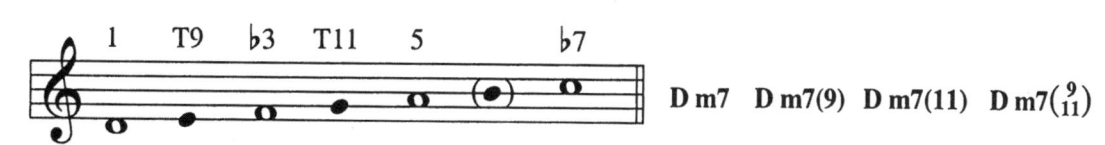

DÓRICO

Dm7   Dm7(9)   Dm7(11)   Dm7($_{11}^{9}$)

FRÍGIO

Em7   Em7(11)

Observação: – notas de escala 1/2 tom acima de n.a. são evitadas na harmonia diatônica.

LÍDIO

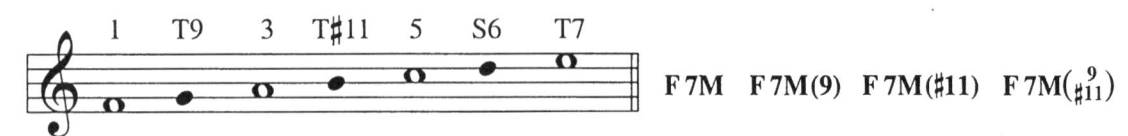

1   T9   3   T#11   5   S6   T7

F 7M   F 7M(9)   F 7M(#11)   F 7M($^9_{\#11}$)

Observações: – ver jônio.

MIXOLÍDIO

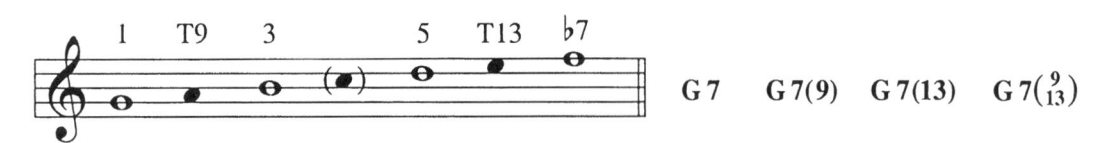

1   T9   3   5   T13   ♭7

G 7   G 7(9)   G 7(13)   G 7($^9_{13}$)

EÓLIO

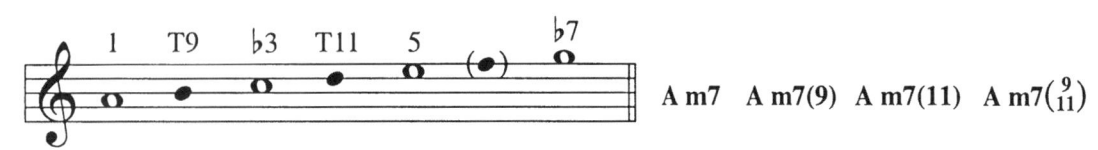

1   T9   ♭3   T11   5   ♭7

A m7   A m7(9)   A m7(11)   A m7($^9_{11}$)

LÓCRIO

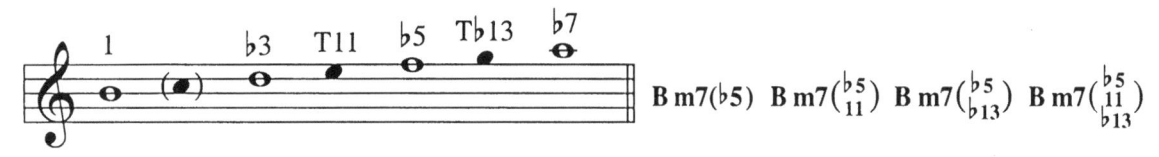

1   ♭3   T11   ♭5   T♭13   ♭7

B m7(♭5)   B m7($^{♭5}_{11}$)   B m7($^{♭5}_{♭13}$)   B m7($^{♭5}_{11\ ♭13}$)

Observação: – a utilização de parêntesis para n.a. (♭5) na cifra.

- **Dominantes secundários**

Como já foi visto, a escala do acorde **G7**, V7 no tom de dó maior, é feita com as notas do próprio tom de *dó maior*:

MIXOLÍDIO

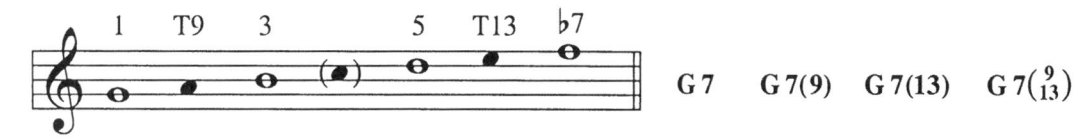

1   T9   3   5   T13   ♭7

G 7   G 7(9)   G 7(13)   G 7($^9_{13}$)

Quando **G7** for V7 no tom de dó menor, sua escala será feita com as notas do tom de *dó menor harmônico*:

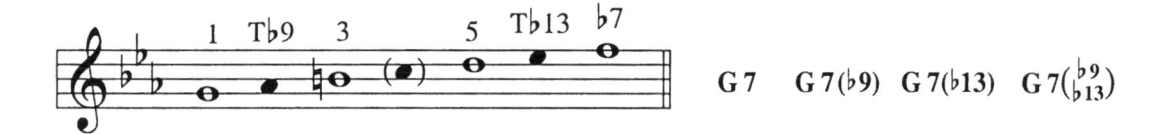

[musical notation: 1 T♭9 3 5 T♭13 ♭7   G 7   G 7(♭9)   G 7(♭13)   G 7($^{♭9}_{♭13}$)]

O conjunto das notas desta escala de acorde chama-se *menor harmônico 5ª abaixo* ou *men har 5*↓, por ser originária da escala menor harmônica que começa 5ª abaixo *da cifra*.

A preparação **G7** complementada pelas notas de T($^{9}_{13}$) prevê resolução maior (por ser originária da armadura imaginária do tom maior), enquanto as T($^{♭9}_{♭13}$) insinuam resolução menor (por ser originária da armadura imaginária do tom menor).

Quanto aos dominantes secundários no tom maior, já estudados, os dominantes do I, IV e V graus preparam acordes *maiores* e os dominantes do II, III e VI graus, acordes *menores*. Cada preparação para maior terá T($^{9}_{13}$) disponíveis, para menor, T($^{♭9}_{♭13}$) obedecendo à armadura imaginária do tom maior ou menor que ela prepara:

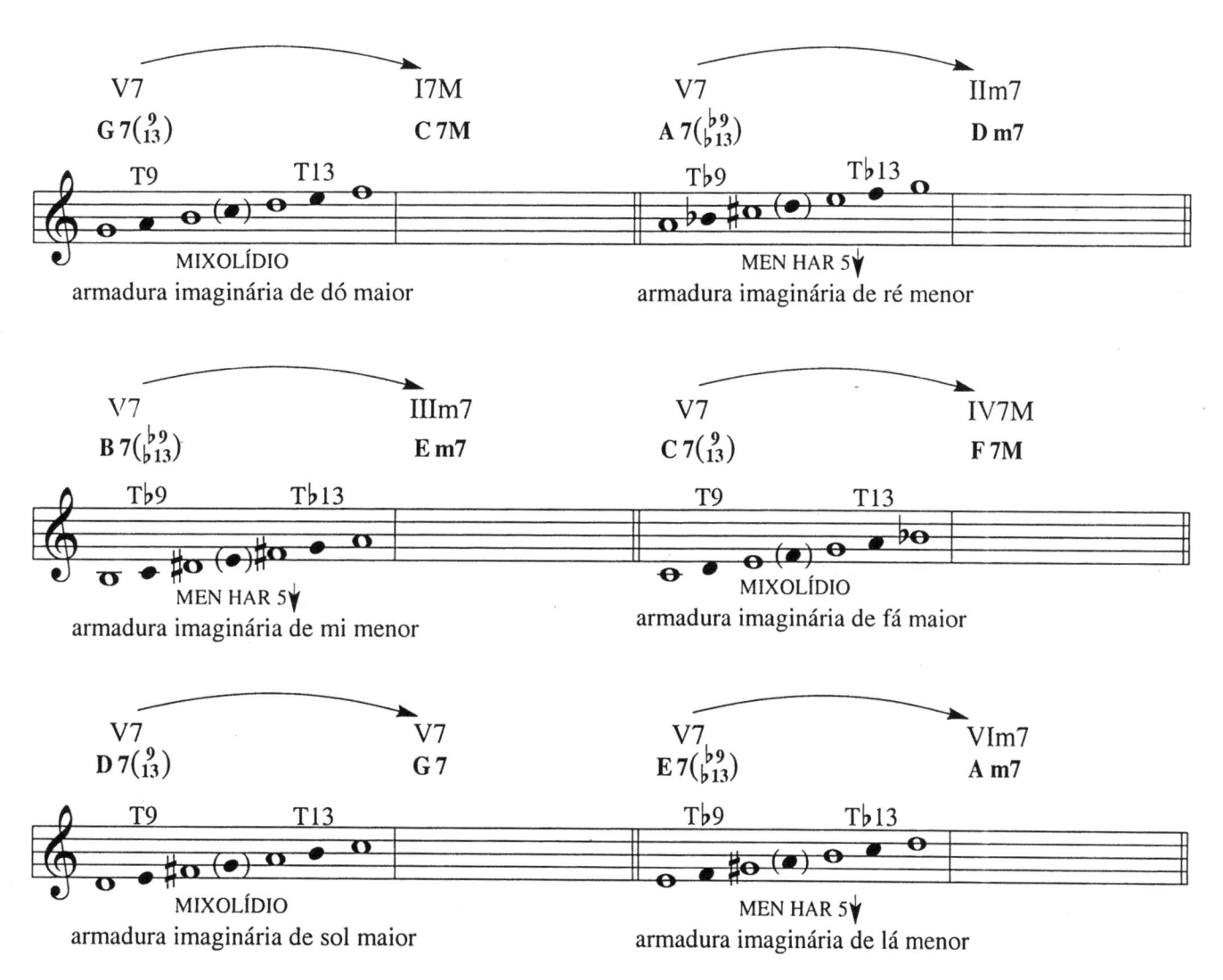

V7 → I7M
G 7($^{9}_{13}$)   **C 7M**

[musical notation: T9 T13]
MIXOLÍDIO
armadura imaginária de dó maior

V7 → IIm7
A 7($^{♭9}_{♭13}$)   **D m7**

[musical notation: T♭9 T♭13]
MEN HAR 5↓
armadura imaginária de ré menor

V7 → IIIm7
B 7($^{♭9}_{♭13}$)   **E m7**

[musical notation: T♭9 T♭13]
MEN HAR 5↓
armadura imaginária de mi menor

V7 → IV7M
C 7($^{9}_{13}$)   **F 7M**

[musical notation: T9 T13]
MIXOLÍDIO
armadura imaginária de fá maior

V7 → V7
D 7($^{9}_{13}$)   **G 7**

[musical notation: T9 T13]
MIXOLÍDIO
armadura imaginária de sol maior

V7 → VIm7
E 7($^{♭9}_{♭13}$)   **A m7**

[musical notation: T♭9 T♭13]
MEN HAR 5↓
armadura imaginária de lá menor

No desdobramento do V7 secundário por IIm7 V7 surge IIm7 antes do acorde alvo maior e IIm7(♭5) antes do alvo menor (também pela utilização das notas do tom maior e menor, respectivamente):

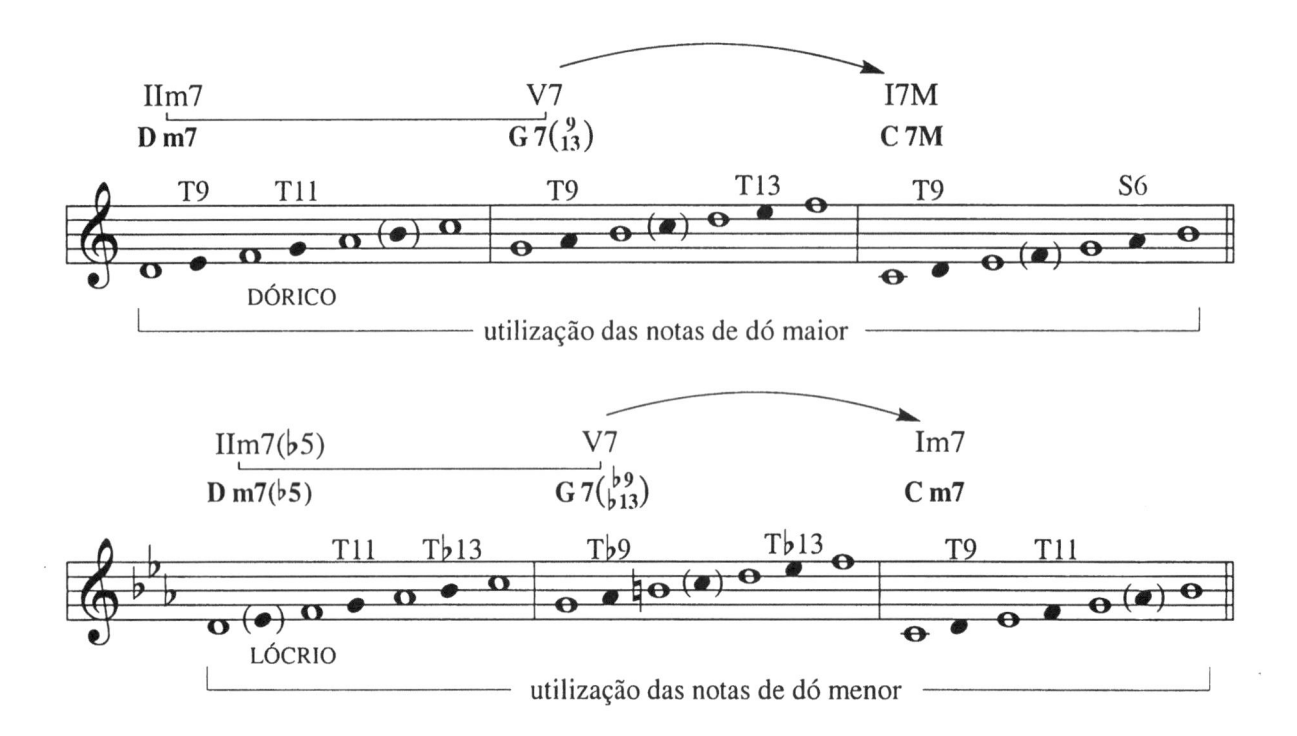

Em qualquer IIm7 V7 o acorde IIm7 tem a escala *dórica* e IIm7(♭5), a escala *lócria*.

- **Dominantes substitutos**

No acorde dominante substituto (sub V7), escala e notas de T são as mesmas ao preparar acorde maior ou menor. A nota fundamental é ré♭ (não diatônica ao tom de dó maior e dó menor). A nota T♯11 (sol) é diatônica, em relação ao tom maior e ao menor. É a nota de T mais importante, visto que é também a nota fundamental de **G7** (que **D♭7** vem substituir).

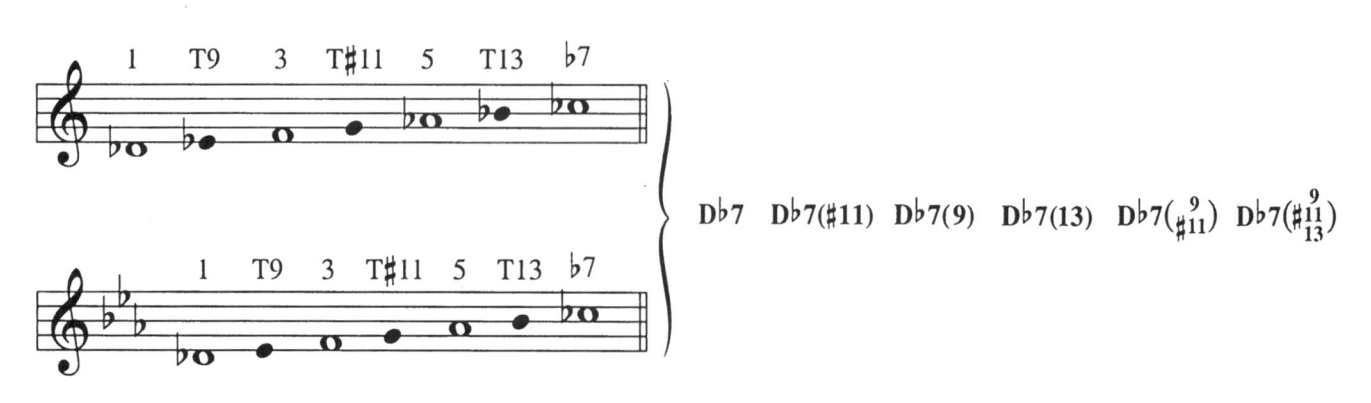

D♭7   D♭7(♯11)   D♭7(9)   D♭7(13)   D♭7($^{9}_{♯11}$)   D♭7($^{♯11}_{13}$)

T9 e T13 não são diatônicas em relação ao tom maior, mas o são em relação ao tom menor. O acorde sub V7, sofisticado por natureza, tem a fundamental não-diatônica (o que o torna conhecido como dominante cromático) e pede o uso de nota de T. A escala tem 4ª aumentada e 7ª menor e por isso convencionou-se chamá-la de *lídio ♭7*.

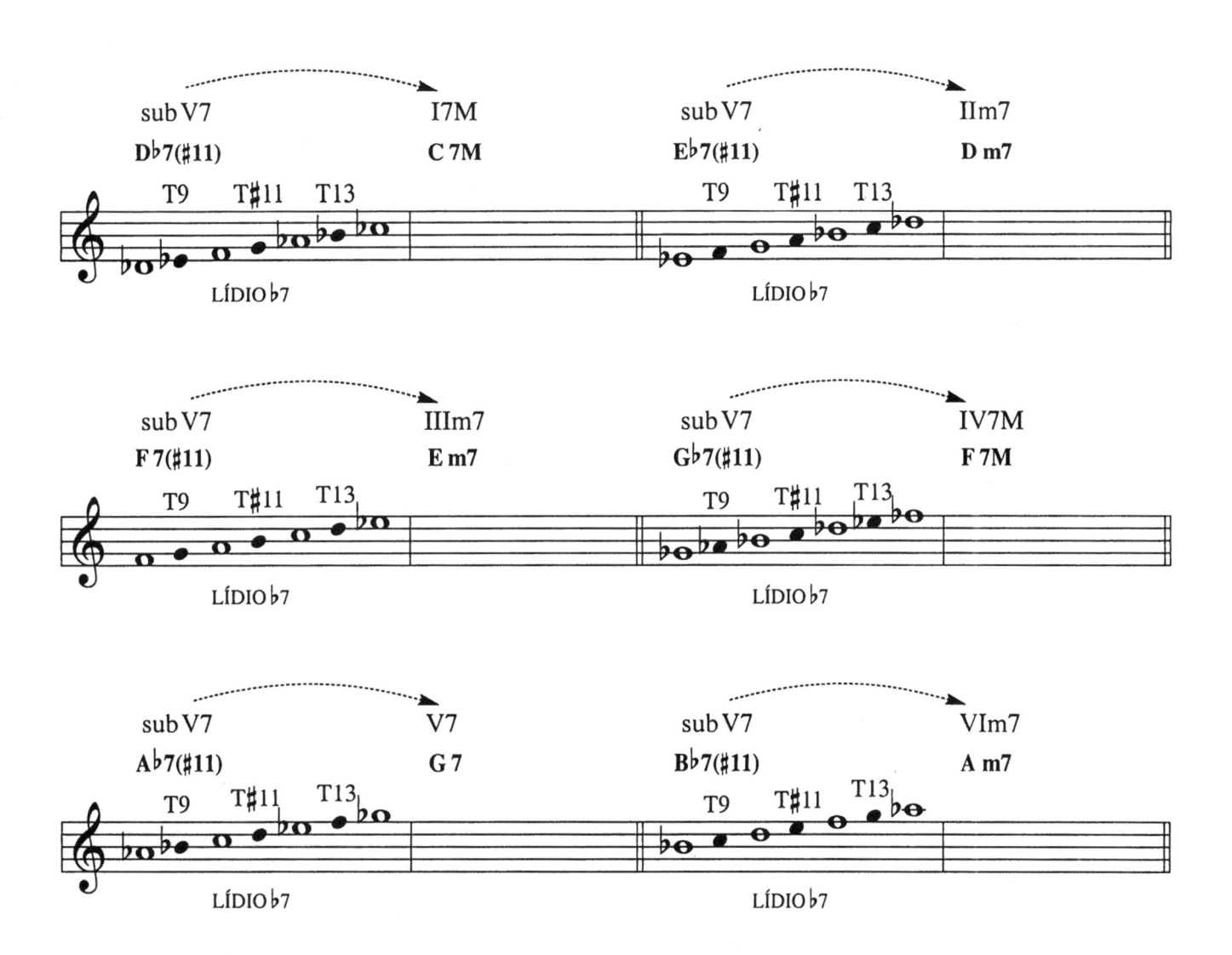

O uso da T♯11 e T13 costuma eliminar a 5J na formação do acorde. Observe IIm7(♭5) antes do acorde menor, no desdobramento em II sub V.

- Acordes diminutos

Quando preparam acorde *maior*, as notas de T ficam situadas um tom acima das n.a., formando uma escala feita de tons e semitons alternados, num total de oito notas. O nome da escala é *diminuta simétrica* ou *dim sim*. As notas de T não-diatônicas são evitadas por sua sonoridade estranha. Exemplo em dó maior:

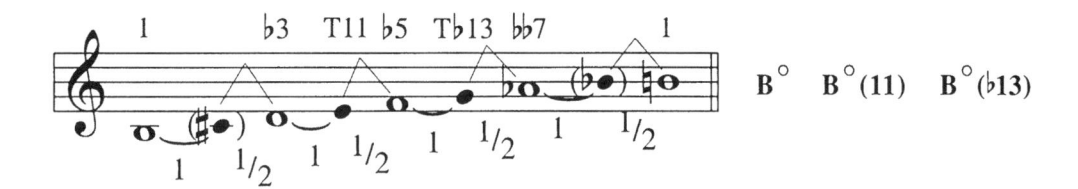

B°   B°(11)   B°(♭13)

Quando preparam acorde *menor*, utilizam as notas da escala menor natural localizada ½ tom acima da cifra e por isso é chamada *menor natural ½ tom acima* ou *men nat ½↑*. As notas ½ tom acima de n.a. são evitadas.

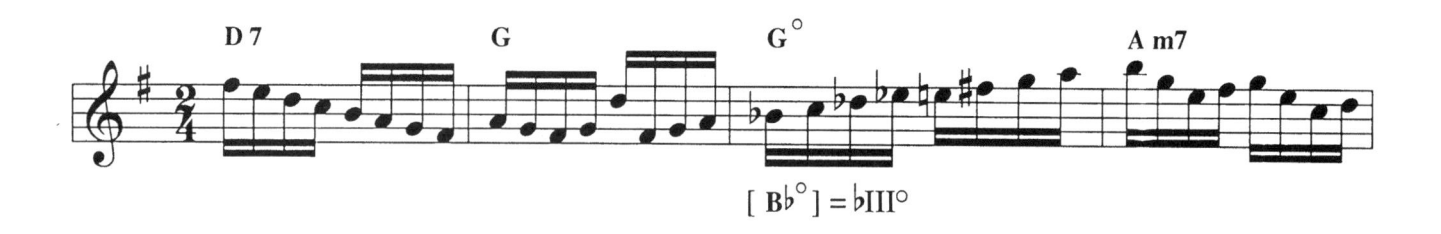

B°   B°(♭13)   B°(7M)

Em qualquer outro uso do diminuto (fora da função preparatória), a escala de acorde poderá ser *dim sim*, com as notas não-diatônicas evitadas. Em *Chorinho pra ele* Hermeto Pascoal usa essa escala inteira, melodicamente:

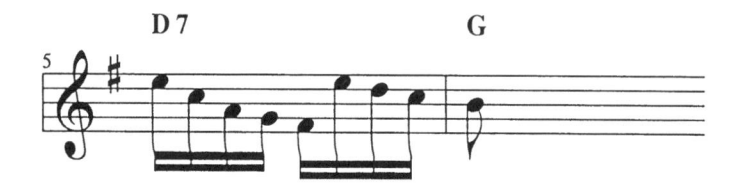

[B♭°] = ♭III°

As escalas dos acordes diminutos de função preparatória:

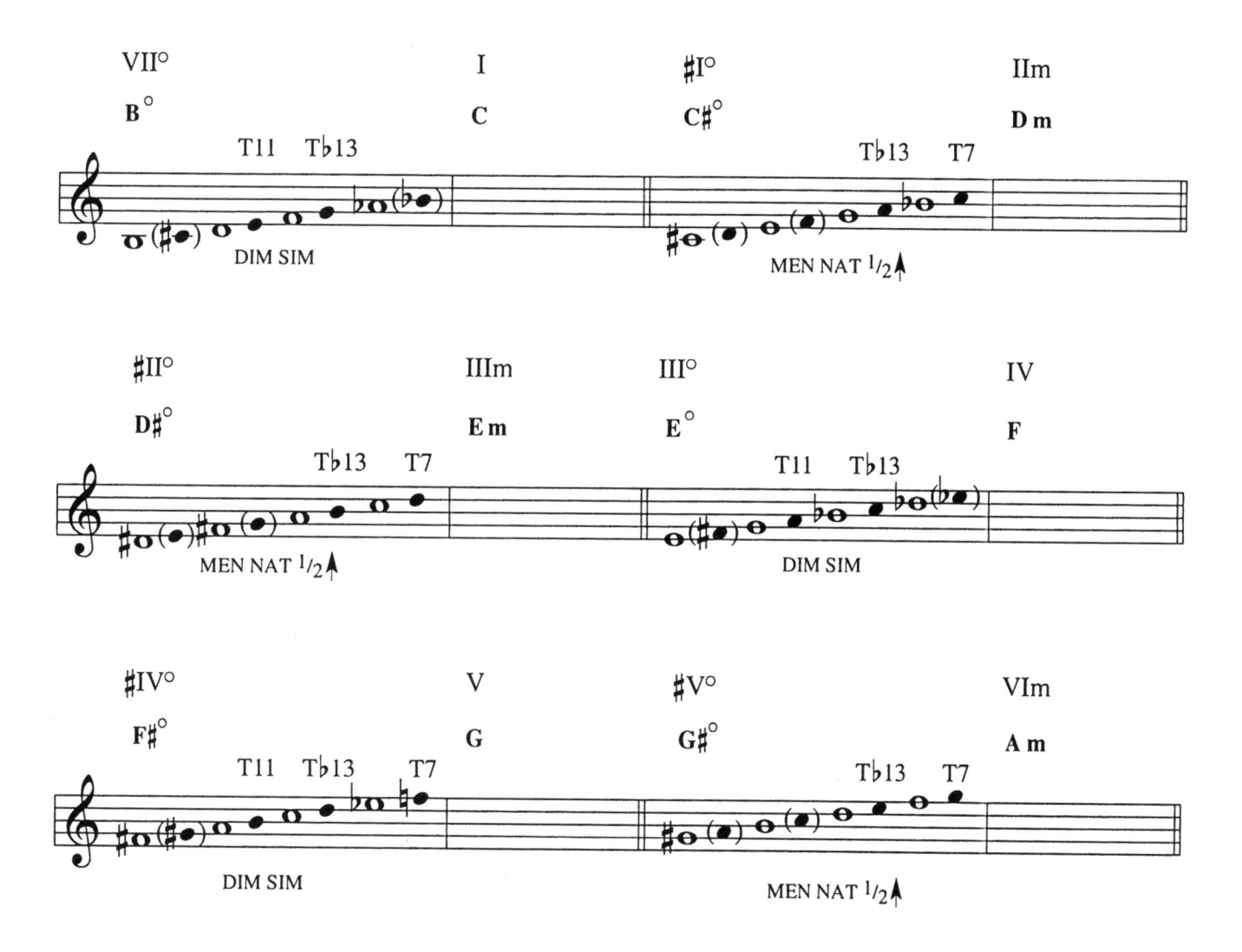

[Musical notation showing diminished chord scales for VII°(B°), I(C), #I°(C#°), IIm(Dm), #II°(D#°), IIIm(Em), III°(E°), IV(F), #IV°(F#°), V(G), #V°(G#°), VIm(Am), with annotations T11, Tb13, T7, DIM SIM, and MEN NAT 1/2.]

As notas de T disponíveis em qualquer acorde diminuto podem ser deduzidas de imediato e devem satisfazer duas condições: devem ser diatônicas e devem estar situadas um tom acima de n.a. (uma condição só não basta).

Quanto ao uso de nota de T em diminuto, na realização do acorde ela *substitui* a n.a. um tom abaixo. Só aparece na cifragem se imprescindível (é rara a cifragem de T em acorde diminuto).

O uso de T em diminuto é comum e bastante gratificante. No entanto, o uso de duas notas de T resultariam em densidade maior que a textura da harmonia comum.

Exercício 100 Faça a análise da harmonia da segunda parte de *Samba de Orly* (Toquinho/Vinicius de Moraes/Chico Buarque). Em seguida, escreva a escala de cada acorde com o respectivo nome, assinalando as notas de T e de S disponíveis.

faixa 45

Os acordes dos compassos 9, 10 e 18 ainda não foram estudados; dispense sua análise.

C ◆ DOMINANTES ESTENDIDOS

1 Apresentação

- Origens

A progressão

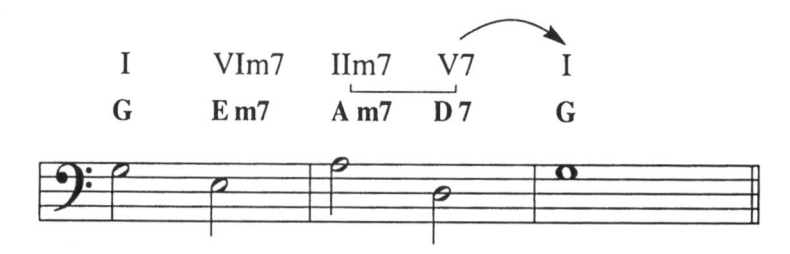

```
I      VIm7   IIm7   V7     I
G      Em7    Am7    D7     G
```

pode ser transformada, conservando a mesma linha do baixo:

```
I      VIm7   V7     V7     I              I      V7     V7     V7     I
| G    Em7  | A7     D7   | G |   ou ainda:  | G    E7   | A7     D7   | G |
```

Ampliando esta idéia, os dominantes podem se suceder em série, cada um preparando o próximo, sem vínculo com um tom definido:

```
E7 → A7 → D7 → G7 → C7   etc.
```

Os números romanos, na análise harmônica, localizam os acordes dentro do respectivo tom. Uma vez que essa seqüência não tem a definição de um tom, dispensa os números romanos. O uso das setas será suficiente, indicando o vínculo *preparação-resolução* entre um e outro acorde. A série de dominantes se estende por vários tons passageiros, daí o nome *dominantes estendidos*. A sucessão de seus trítonos forma duas linhas cromáticas descendentes:

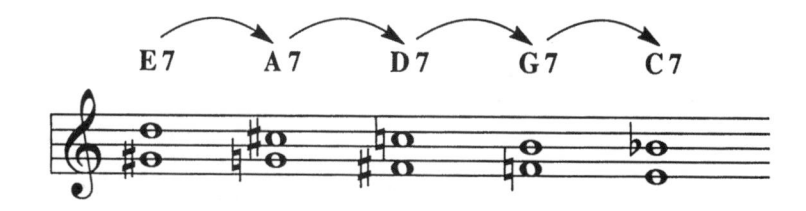

```
E7 → A7 → D7 → G7 → C7
```

Cada trítono pode formar dois acordes dominantes, sendo um substituto do outro:

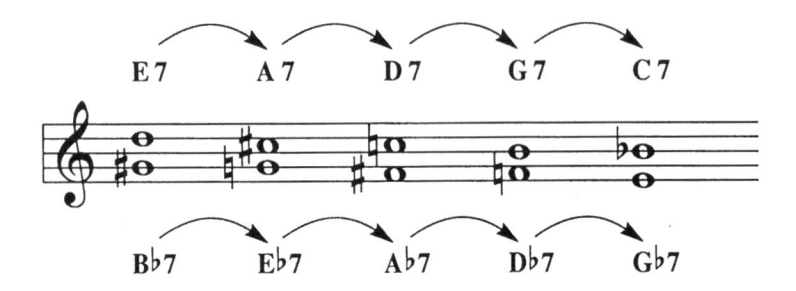

E7 A7 D7 G7 C7

B♭7 E♭7 A♭7 D♭7 G♭7

A distância entre um dominante e seu substituto é de três tons, isto é, outro trítono. Daí podemos extrair dominantes cromaticamente descendentes:

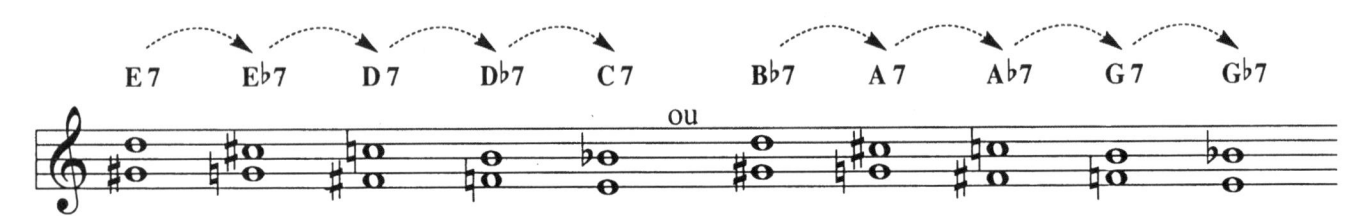

E7 E♭7 D7 D♭7 C7   ou   B♭7 A7 A♭7 G7 G♭7

Além dessas progressões, os dominantes estendidos oferecem outros caminhos harmônicos "fortes", onde a linha do baixo executa 5J ou $1/2$ tom descendentes. Todos se baseiam numa sucessão de preparação e resolução, podendo ser representados pelos símbolos ⌒→ ⌢→ ⎣⎯⎦ ⎣⋯⎦ aplicados diretamente nas cifras, sem números romanos. Vale lembrar que ⌒→ ⎣⎯⎦ representam 5J descendente e ⌢→ ⎣⋯⎦ representam $1/2$ tom descendente no baixo.

■ Oito desenhos de dominantes estendidos

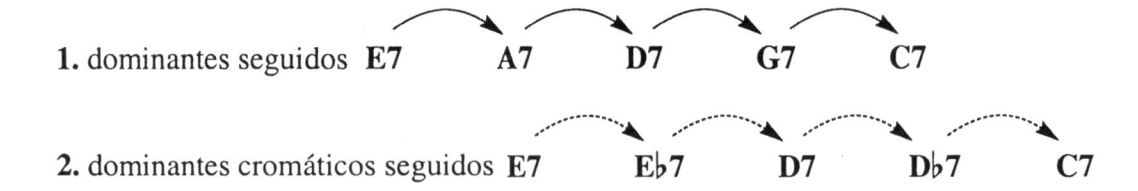

1. dominantes seguidos   E7 A7 D7 G7 C7

2. dominantes cromáticos seguidos   E7 E♭7 D7 D♭7 C7

3. desdobrando cada dominante em II V

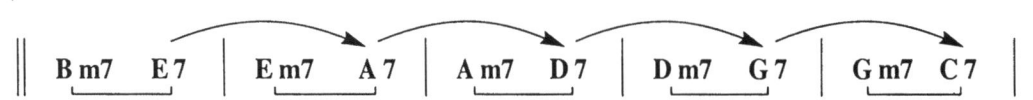

‖ Bm7 E7 | Em7 A7 | Am7 D7 | Dm7 G7 | Gm7 C7 |

Neste caso, dá-se a *resolução indireta* (não imediata) do dominante, com a *interpolação* do IIm7 cadencial entre os dois acordes dominantes.

4. desdobramento de cada dominante cromático em II V

|| B m7 E 7 | B♭m7 E♭7 | A m7 D 7 | A♭m7 D♭7 | G m7 C 7 |

Novamente, a interpolação de IIm7 cadencial ocorre, com a resolução indireta do dominante.

5. dominante resolve em IIm7 cadencial

|| B m7 E 7 | A m7 D 7 | G m7 C 7 | F m7 B♭7 | E♭m7 A♭7 |

6. dominante cromático resolve em IIm7 cadencial

|| B m7 B♭7 | A m7 A♭7 | G m7 G♭7 | F m7 E 7 | E♭m7 D 7 |

7. dominante cromático interpolado

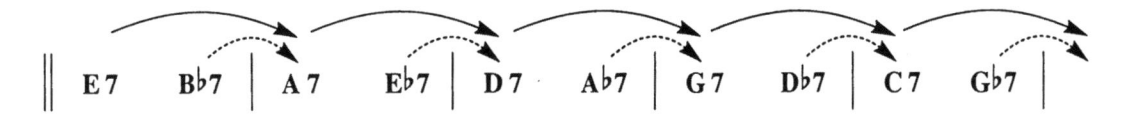

|| E 7 B♭7 | A 7 E♭7 | D 7 A♭7 | G 7 D♭7 | C 7 G♭7 |

8. interpolação de II Vs

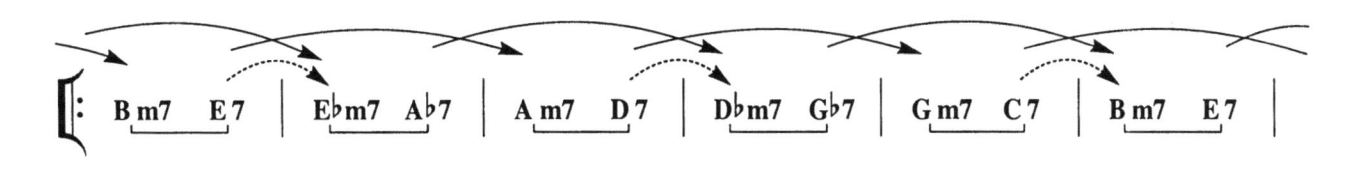

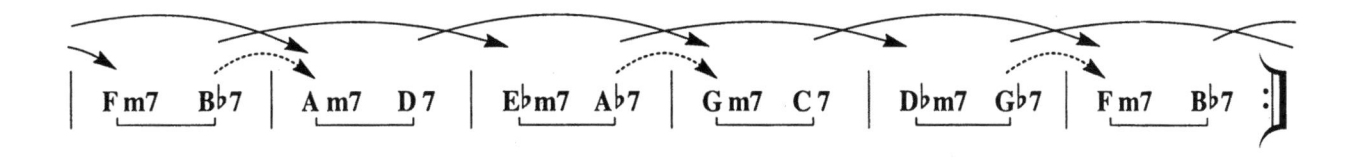

||: B m7 E 7 | E♭m7 A♭7 | A m7 D 7 | D♭m7 G♭7 | G m7 C 7 | B m7 E 7 |

| F m7 B♭7 | A m7 D 7 | E♭m7 A♭7 | G m7 C 7 | D♭m7 G♭7 | F m7 B♭7 :||

Neste caso, se os compassos ímpares forem tocados, equivalem ao desenho nº 5⎯⎯, ⌢⎯⎯ ⌢. Os compassos pares também executam o mesmo desenho, um trítono afastado dos compassos ímpares para produzir o elo ⌢ entre ímpares e pares. Os 12 compassos passam pelo ciclo completo das quintas. É uma verdadeira trança com dois "fios" de sonoridade idêntica, separados pelo trítono.

Exercício 101 Complete as progressões, dado o último acorde.

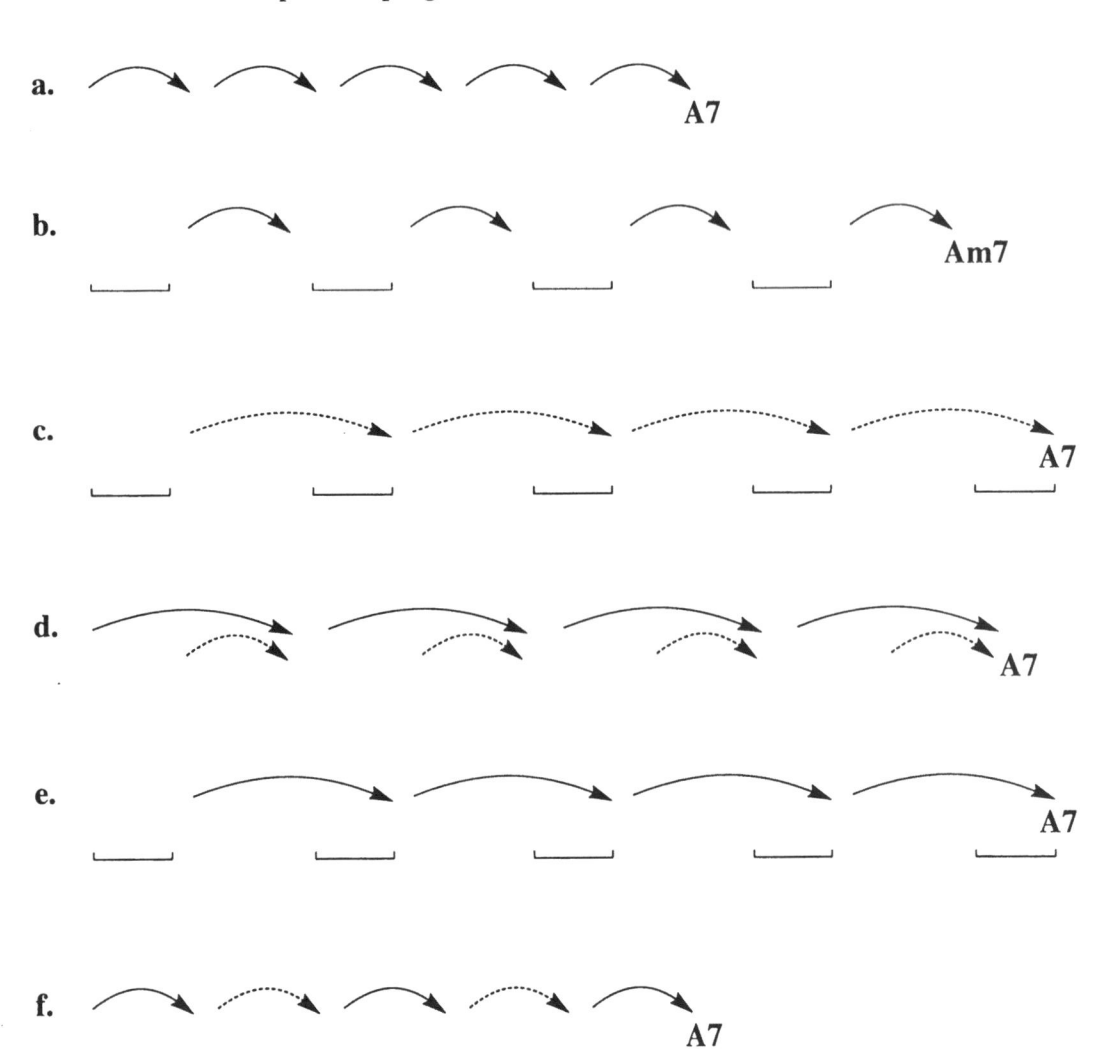

a. ⌢ ⌢ ⌢ ⌢ ⌢ A7

b. ⌢ ⌢ ⌢ ⌢ Am7

c. ⌢ ⌢ ⌢ ⌢ ⌢ A7

d. ⌢ ⌢ ⌢ ⌢ A7

e. ⌢ ⌢ ⌢ ⌢ A7

f. ⌢ ⌢ ⌢ ⌢ A7

Enarmonize as cifras para não dar E♯, C♭ etc. e em ⎯⎯ não misture cifra ♭ com ♯.

Exemplos:

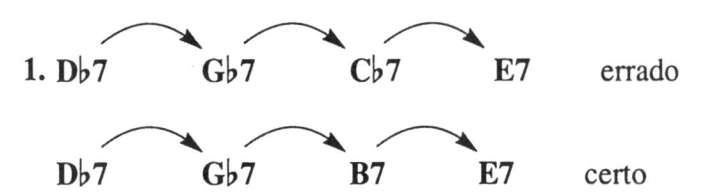

1. D♭7 ⌢ G♭7 ⌢ C♭7 ⌢ E7   errado

   D♭7 ⌢ G♭7 ⌢ B7 ⌢ E7   certo

2. Gm7   C7   G♭m7   B7   errado

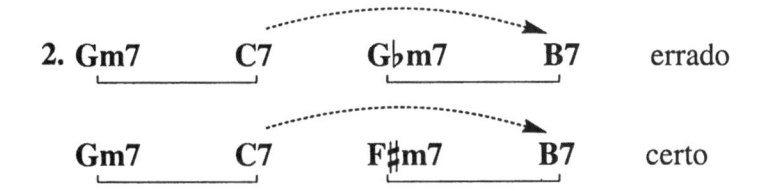

Gm7   C7   F♯m7   B7   certo

Exercício 102 Percepção [faixa 46] A gravação mostra os oito desenhos de dominantes estendidos vistos anteriormente (páginas 100/101). Em que ordem foram tocados? (Dica: começa pelos primeiros quatro desenhos.)

■ O acorde de sétima e quarta V_4^7 ou V7(sus4)

O acorde IIm7 cadencial pode antecipar o baixo dominante

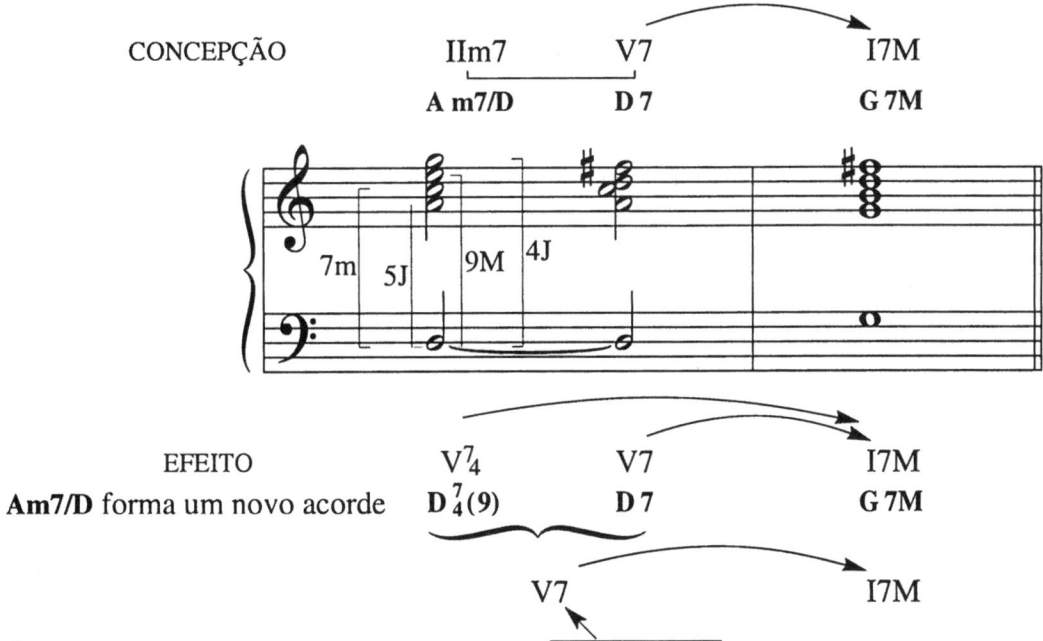

CONCEPÇÃO   IIm7   V7   I7M
             A m7/D   D 7   G 7M

EFEITO V_4^7 V7   I7M
Am7/D forma um novo acorde $D_4^7(9)$ D 7   G 7M
             V7   I7M

É preferível analisar os dois acordes com um único V7, pois dois V7 seguidos podem ser confundidos com dom. de dom.

Um único acorde V_4^7 pode também ocupar o lugar de IIm7 V7.

$V_4^7(9)$ ou simplesmente V_4^7 (com 9M subentendida) pode aparecer em situações de dominantes estendidos. Alguns exemplos:

1. | E_4^7 E7 | A_4^7 A7 | D_4^7 D7 | G_4^7 G7 | C_4^7 C7 |

ou acrescentar um desenho cromático pelas notas de T:

| $E_4^7(9)$ E7(♭9) | $A_4^7(9)$ A7(♭9) | $D_4^7(9)$ D7(♭9) | etc.

2. | E7/4 | A7/4 | D7/4 | G7/4 | C7/4 |

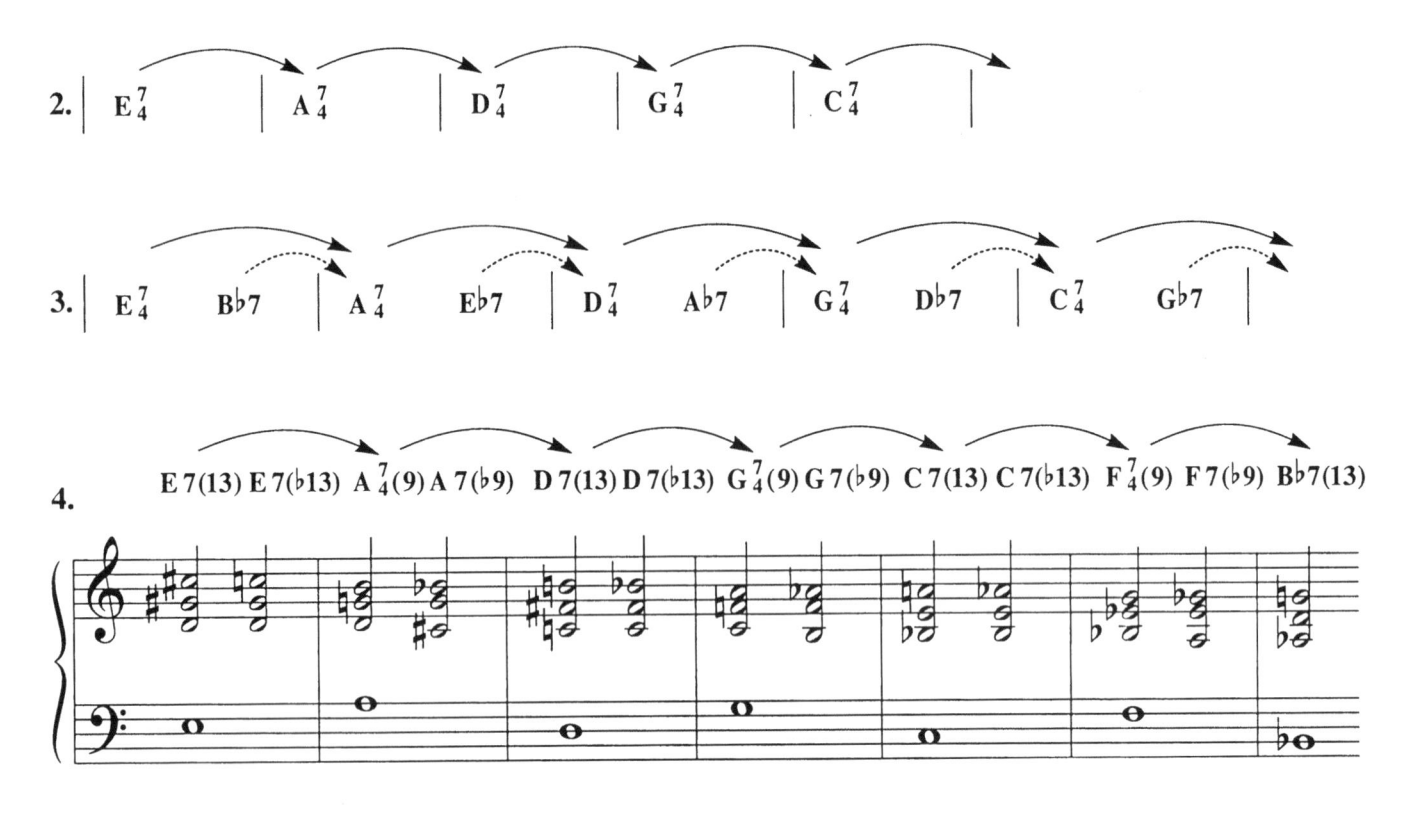

3. | E7/4 Bb7 | A7/4 Eb7 | D7/4 Ab7 | G7/4 Db7 | C7/4 Gb7 |

4. E7(13) E7(b13) A7/4(9) A7(b9) D7(13) D7(b13) G7/4(9) G7(b9) C7(13) C7(b13) F7/4(9) F7(b9) Bb7(13)

(bastante comum na música brasileira, introduzido e difundido por João Gilberto e Tom Jobim)

2 Comentários

- Novo vocabulário

Com as novas preparações aprendidas, e permitindo algumas notas cromáticas, agora já podemos incorporar em nossos dominantes primários, secundários e estendidos nada menos do que 14 maneiras de preparar o próximo acorde (**C** ou **Cm** no exemplo):

‖ G7(9) * ‖ G7(b9) ‖ Dm7 G7(9) * ‖ Dm7 G7(b9) ‖ Dm7(b5) G7(b9) ‖

‖ G7/4(9) * ‖ G7/4(b9) ‖ G7/4(9) G7(9) * ‖ G7/4(9) G7(b9) ‖ G7/4(b9) G7(b9) ‖ G7/4(9) Db7(#11) ‖

‖ Db7(#11) ‖ Dm7 Db7(#11) ‖ Dm7(b5) Db7(#11) ‖

* estes acordes, dom7(9), só preparam maior

Escalas de acordes

G7(9) subentende **(13)** ⟶ mixolídio

G7(♭9) subentende **(♭13)** ⟶ men har 5♭

D♭7(♯11) subentende **(9) (13)** ⟶ lídio ♭7

Dm7 subentende **(9) (11)** ⟶ dórico

Dm7(♭5) subentende **(11) (♭13)** ⟶ lócrio

As escalas ainda não vistas:

MIXOLÍDIO COM 4ª

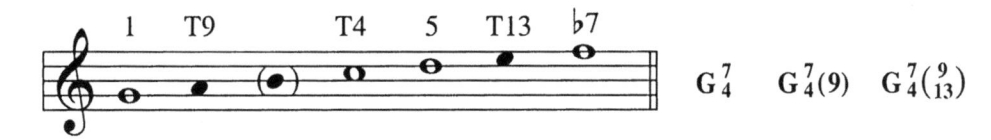

$G_4^7 \quad G_4^7(9) \quad G_4^7\binom{9}{13}$

n.a. 4 é também nota de T que "deseja" cair no 3
3 é evitada

FRÍGIO COM 4ª

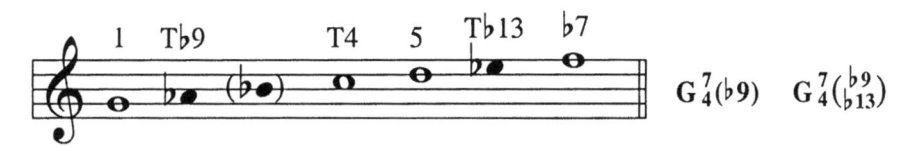

$G_4^7(\flat 9) \quad G_4^7\binom{\flat 9}{\flat 13}$

n.a. 4 é também nota de T que "deseja" cair no 3 ou ♭3
♭3 é evitada

Analisemos a harmonia da segunda parte de *De noite na cama* (Caetano Veloso), exemplo notável de dominantes estendidos que passa por todos os dom7 em ciclo das quintas, até voltar ao tom original:

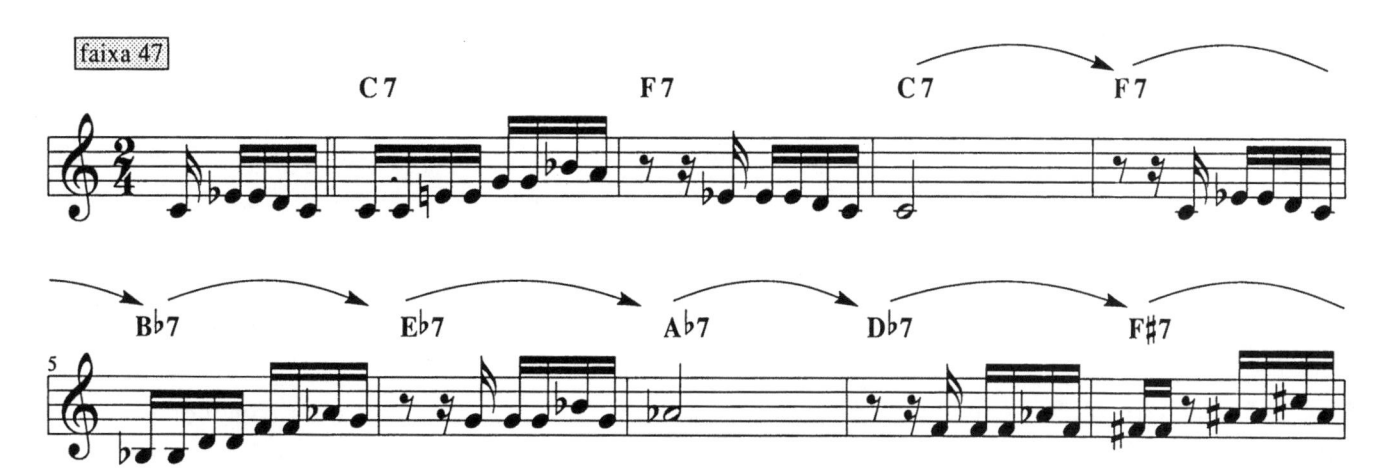

faixa 47

C7 F7 C7 F7

B♭7 E♭7 A♭7 D♭7 F♯7

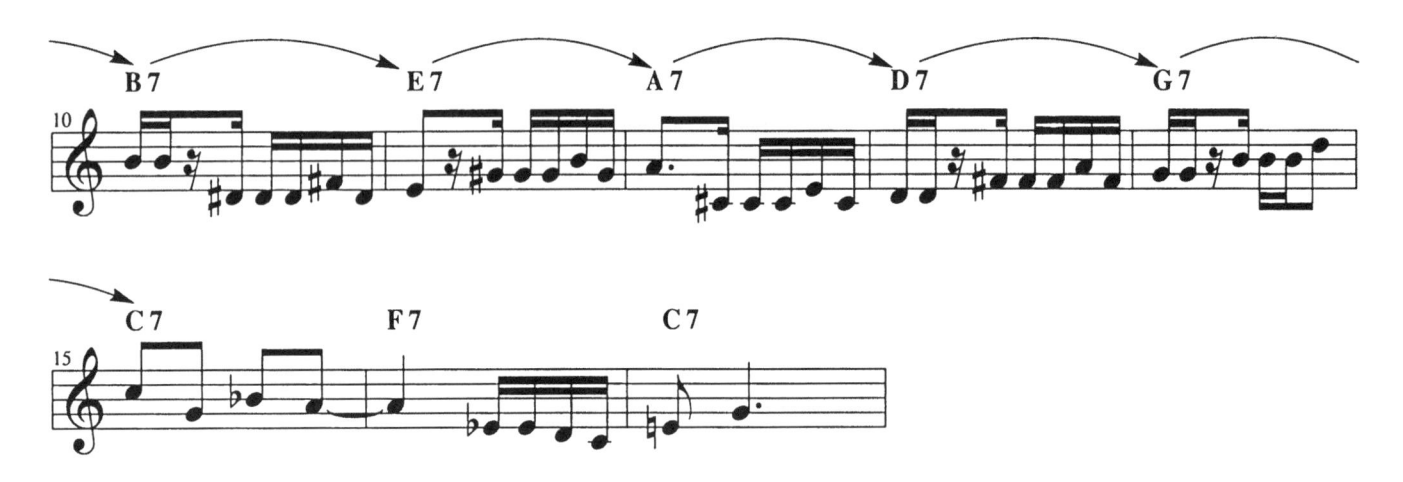

Dispensamos a análise nos dois primeiros compassos e nos três últimos, por trazerem acordes do idioma do *blues*, ainda não estudados.

A próxima análise é do início de *Triste* (Tom Jobim), o tom é sol maior, modulando para si maior e voltando a sol. faixa 48

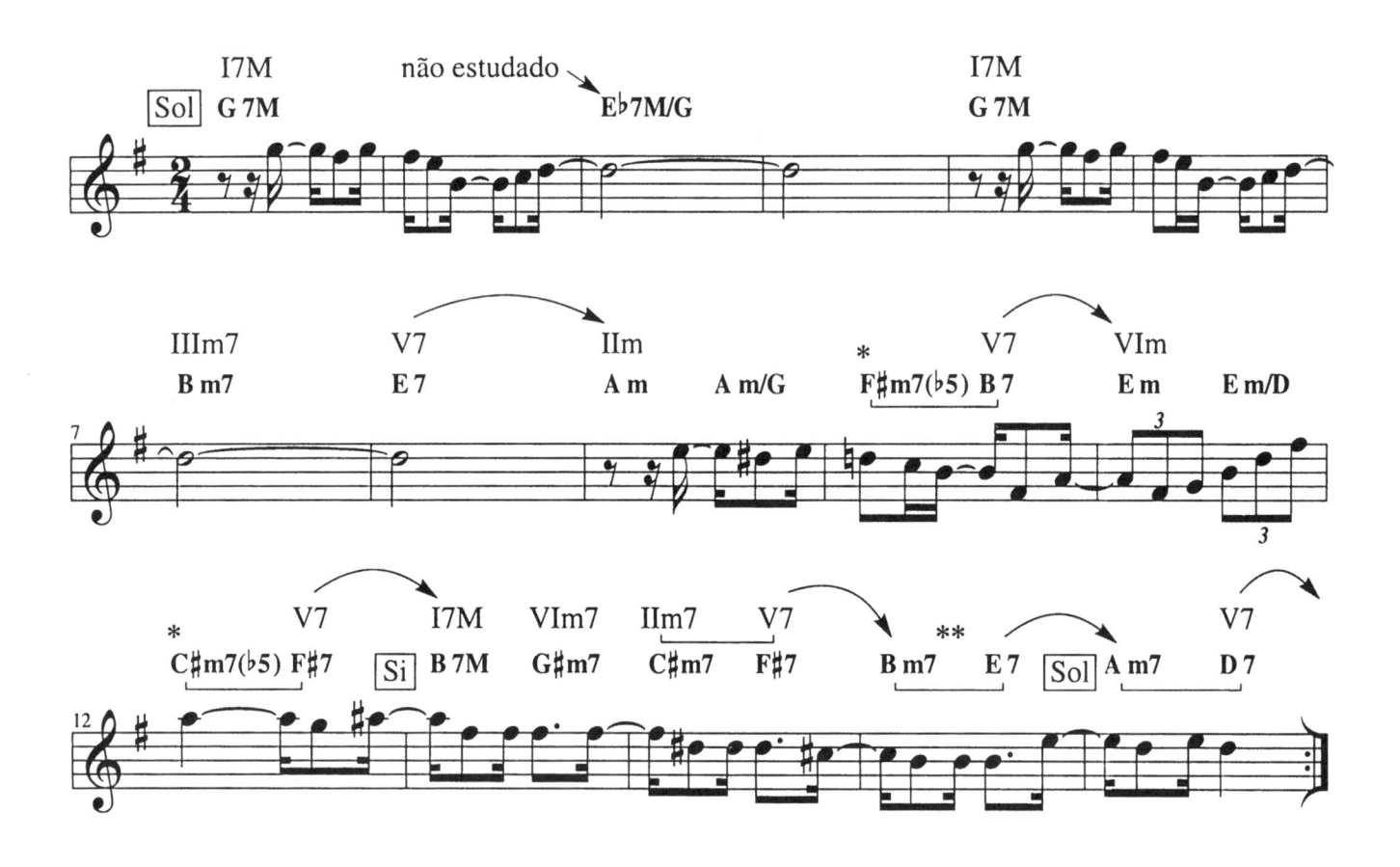

Em música modulante, é necessário indicar os tons nos respectivos trechos, passando a referir os números romanos a eles.

* II cadenciais secundários não "soam" no tom principal, dispensando números romanos (⌐__⌐ é suficiente em sua análise)

** acordes não vinculados ao tom de si maior (dispensam números romanos, sendo suficiente em sua análise); são dominantes estendidos que conduzem a volta ao tom original

Exercício 103 Faça a análise da primeira parte de *Amor até o fim* (Gilberto Gil) faixa 49.

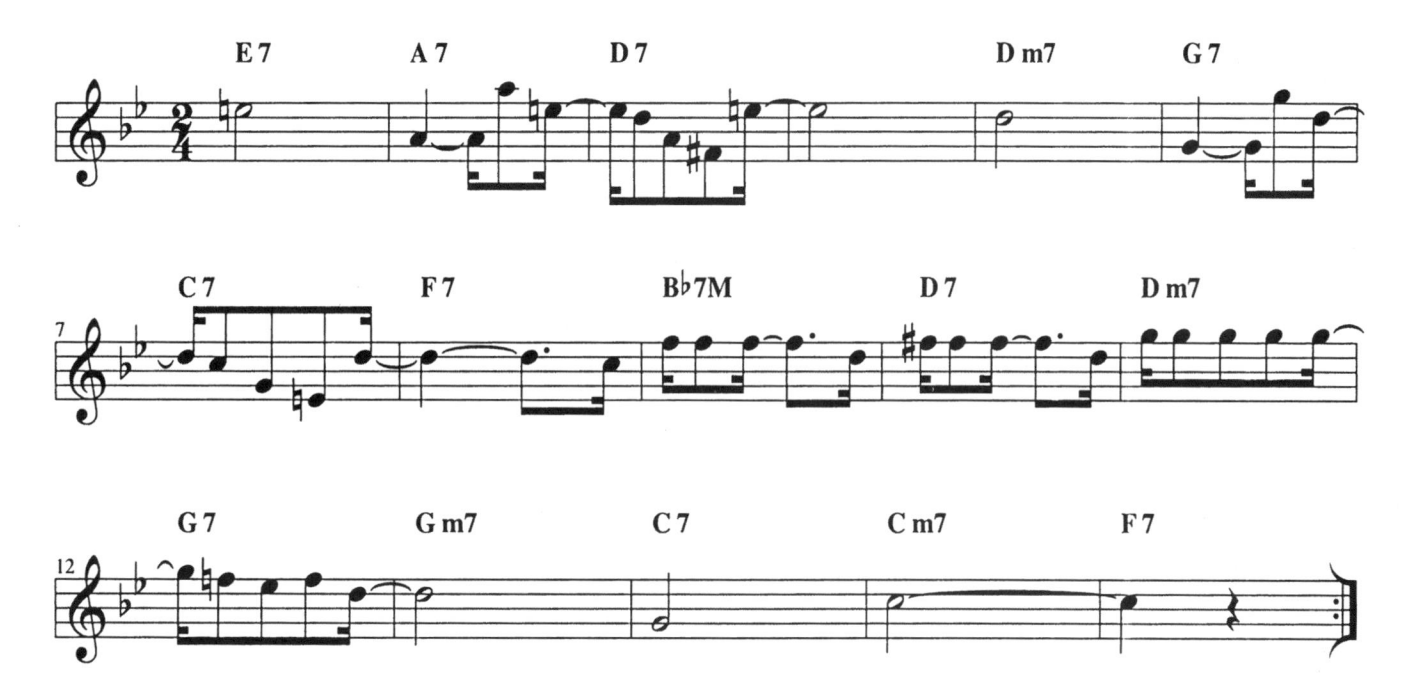

Atenção: os dominantes "se estendem" por todo o exemplo e a confirmação do tom é fraca, só se referindo a este trecho. O único acorde que "merece" número romano é o I grau. Onde está?

Exercício 104 Faça a análise da primeira parte de *Wave* (Tom Jobim) faixa 50.

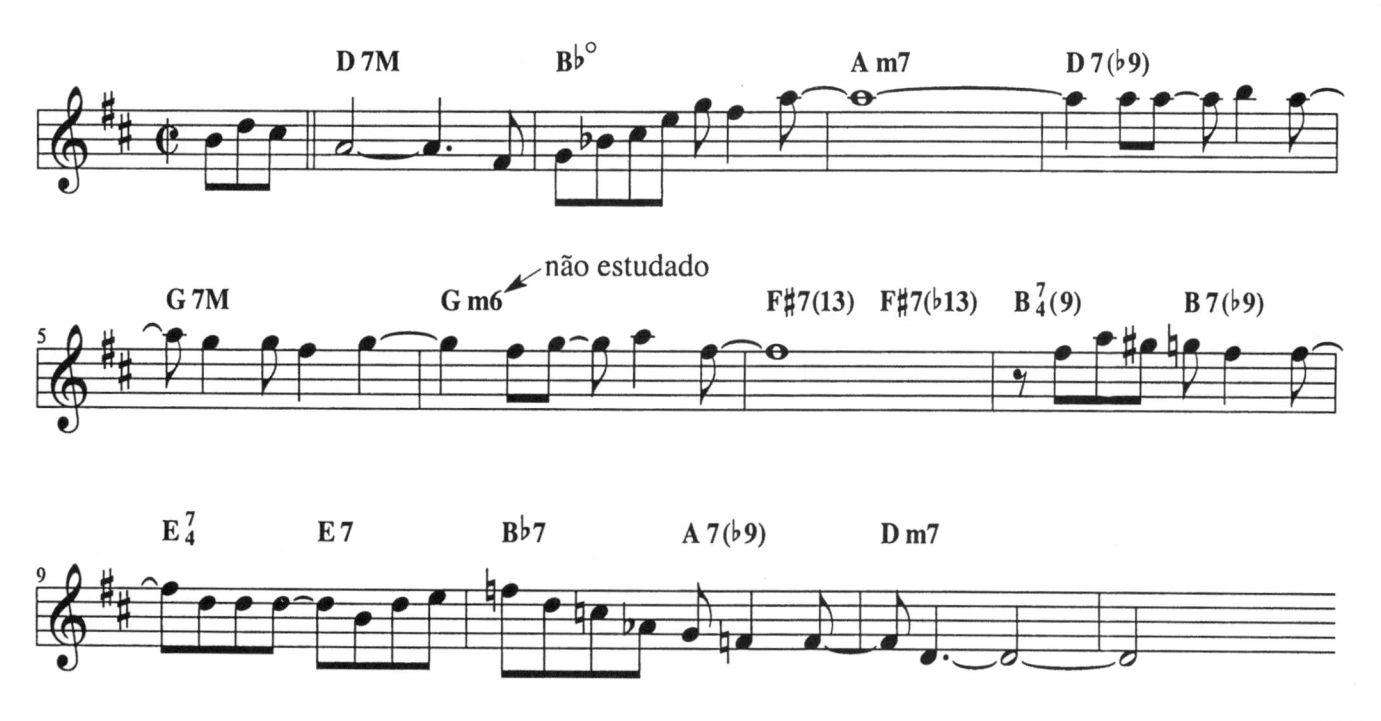

107

Exercício 105 Analise este trecho de *Estrada do sol* (Tom Jobim/Dolores Duran).

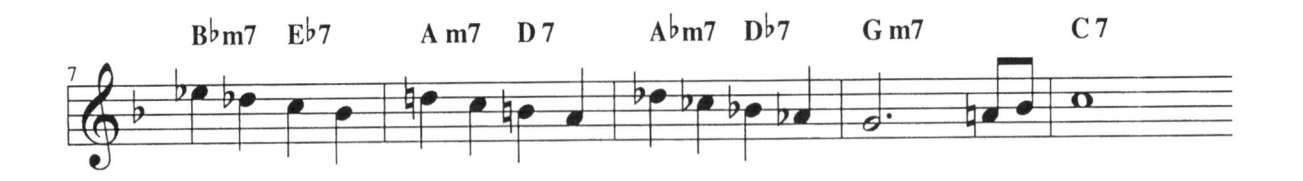

Exercício 106 Percepção. Ouça e escreva a harmonia do início de *Lamento* (Pixinguinha). Faça a análise.

Os três lugares onde as cifras foram colocadas indicam o início dos tons de ré maior, fá♯ maior e volta ao ré maior, respectivamente. Trata-se de modulação passageira.

Exercício 107 Harmonize um trecho de *Tristeza* (Haroldo Lobo). Você encontrará oportunidade para usar dominantes estendidos.

faixa 53   (só melodia)

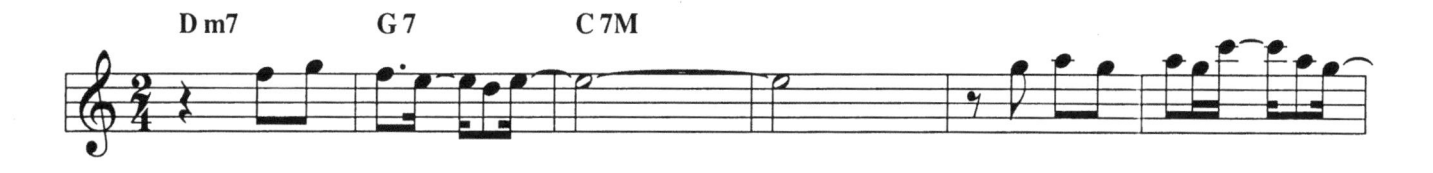

D m7   G 7   C 7M

Repertório de exemplos: *Só danço samba* (Tom Jobim/Vinicius de Moraes), *Dinorah* (Ivan Lins/Victor Martins), *Coisa mais linda* (Carlos Lyra/Vinicius de Moraes), *Superbacana* (Caetano Veloso), *Anos dourados* (Tom Jobim/Chico Buarque), *Meditação* (Tom Jobim/Newton Mendonça), *Pra machucar meu coração* (Ary Barroso), *Doce de coco* (Jacob do Bandolim).

D ♦ CIFRAGEM: COMPROMISSO COM A SIMPLICIDADE

1 Inversão aparente

Quando um acorde, aparentemente invertido, coincide com outro sem inversão, este último deve ser cifrado.

- **A relação entre os acordes de 6ª e m7**

No capítulo sobre inversão de acordes foi constatado que m7 e m7(♭5) na primeira inversão geram novos acordes:

    Dm7/F = F6   Dm7(♭5)/F = Fm6

Acordes com 6ª no baixo também formam novos acordes:

    F6/D = Dm7   Fm6/D = Dm7(♭5)

- **Acorde diminuto**

Apresenta estrutura simétrica de 3ªs menores superpostas:

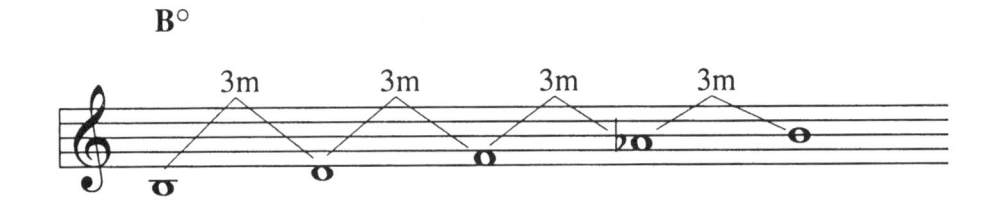

B°

Por esta razão, dispensa-se as inversões em sua notação (embora elas existam):

    B°/D = D°   B°/F = F°   B°/A♭ = A♭°

Atenção com "inversão disfarçada", cuja análise deverá ser feita de acordo com a *intenção* do acorde (consulte capítulo sobre diminutos).

▪ Dominantes substitutos

Dois acordes de estrutura dominante, como **G7** e **D♭7** (no tom de dó maior ou menor), são substitutos entre si, afastados pelo trítono (consulte capítulo sobre dominante substituto). Neste caso, **D♭7** funciona com T♯11 (**D♭7(♯11)**) e **G7** pode funcionar com T♭5 (**G7(♭5)**). (♯11) em **D♭7** é a nota sol; (♭5) em **G7** é a nota ré♭. Logo, **G7(♭5)/D♭ = D♭7(♯11)** e **D♭7(♯11)/G = G7(♭5)**.

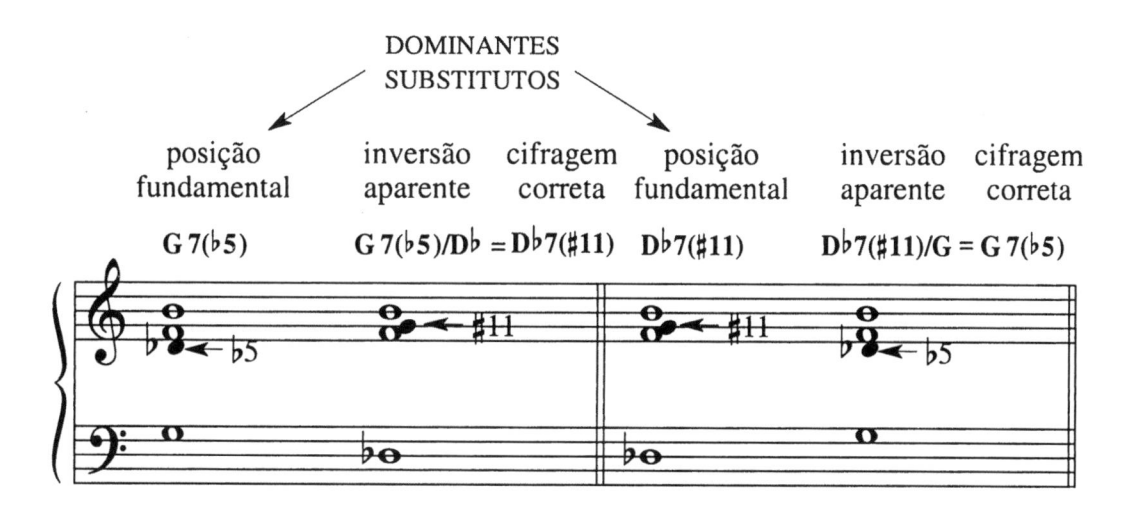

Exercício 108 Cifre os acordes, aparentemente invertidos, em sua forma correta.

a. Fm7/A♭

b. E♭°/C

c. B7(♭5)/F

d. A°/D♯

e. Cm6/A

f. F♯m7(♭5)/A

g. F°/G♯

h. E♭7(♯11)/A

i. C♯°/B♭

j. D6/B

k. Gm7(♭5)/B♭

l. G6/E

m. G♯°/D

n. C♯7(♭5)/G

o. Dm6/B

p. E°/G

q. Em7/G

r. D7(♭5)/A♭

2 | Dominantes disfarçados

(Estando o acorde no tom de dó maior ou dó menor)

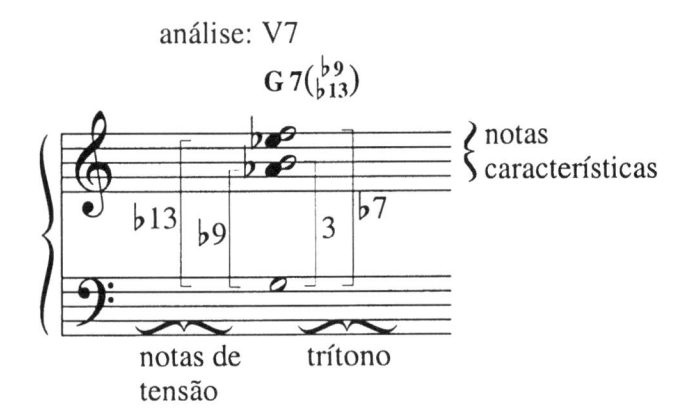

análise: V7
G7(♭9/♭13)

[notação musical: notas características, notas de tensão, trítono]

As notas características deste acorde (o trítono e as notas de tensão) encontram-se no acorde anotado na pauta superior do exemplo acima. Este conjunto de notas poderia ser cifrado **A♭m6** (enarmonizando a nota *si* por *dó♭*). **A♭m6/G** vem a ser, então, **G7(♭9/♭13)**.

Ao substituir o baixo sol pelo baixo ré♭, surge:

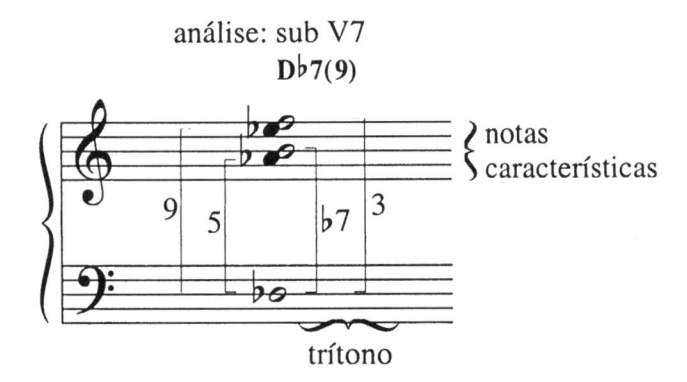

análise: sub V7
D♭7(9)

[notação musical: notas características, trítono]

Na pauta superior, **A♭m6** ainda reúne as notas características, e **A♭m6/D♭** vem a ser **D♭7(9)**.

Atenção: Um acorde m6 pode ser dominante (♭9/♭13) 1/2 tom abaixo disfarçado ou dominante (9) 5J abaixo. Um dominante substitui o outro. Quando um funciona com (♭9) e/ou (♭13), o outro soa com (9), mesmo não aparecendo as tensões na cifragem.

Exemplo: A tríplice escolha entre **A♭m6**, **G7(♭9/♭13)** e **D♭7(9)** existe no início de *Amanhecendo* (Roberto Menescal/Lula Freire):

```
    A♭m6                        A♭m6
    G7(♭13)                     G7(♭13)
    D♭7(9)         C7M          D♭7(9)         C7M
```

O som das três cifras opcionais é muito similar: só diferem na nota do baixo. **G7** é analisado como V7, **D♭7** como sub V7 e **A♭m6** como V7 ou sub V7, dependendo do baixo imaginário que lhe é atribuído.

Importante: o acorde m6, que neste caso é dominante, deve ser analisado pela *intenção* do acorde: V7 ou sub V7 (e não pelo lugar que ocupa no tom; a análise ♭VIm6 é errada).

Exercício 109 Escreva o acorde m6 equivalente aos seguintes acordes dominantes:

a. E7(♭9)   b. B♭7(9)   c. G♯7(♭13)

d. C7(9)   e. B7(♭9)   f. E♭7(9)

Exercício 110 A cada acorde abaixo correspondem dois acordes dominantes. Quais são eles?

a. Dm6   b. B♭m6   c. Gm6

d. E♭m6   e. Bm6   f. A♭m6

Analisemos a harmonia do início de *Corcovado* (Tom Jobim)

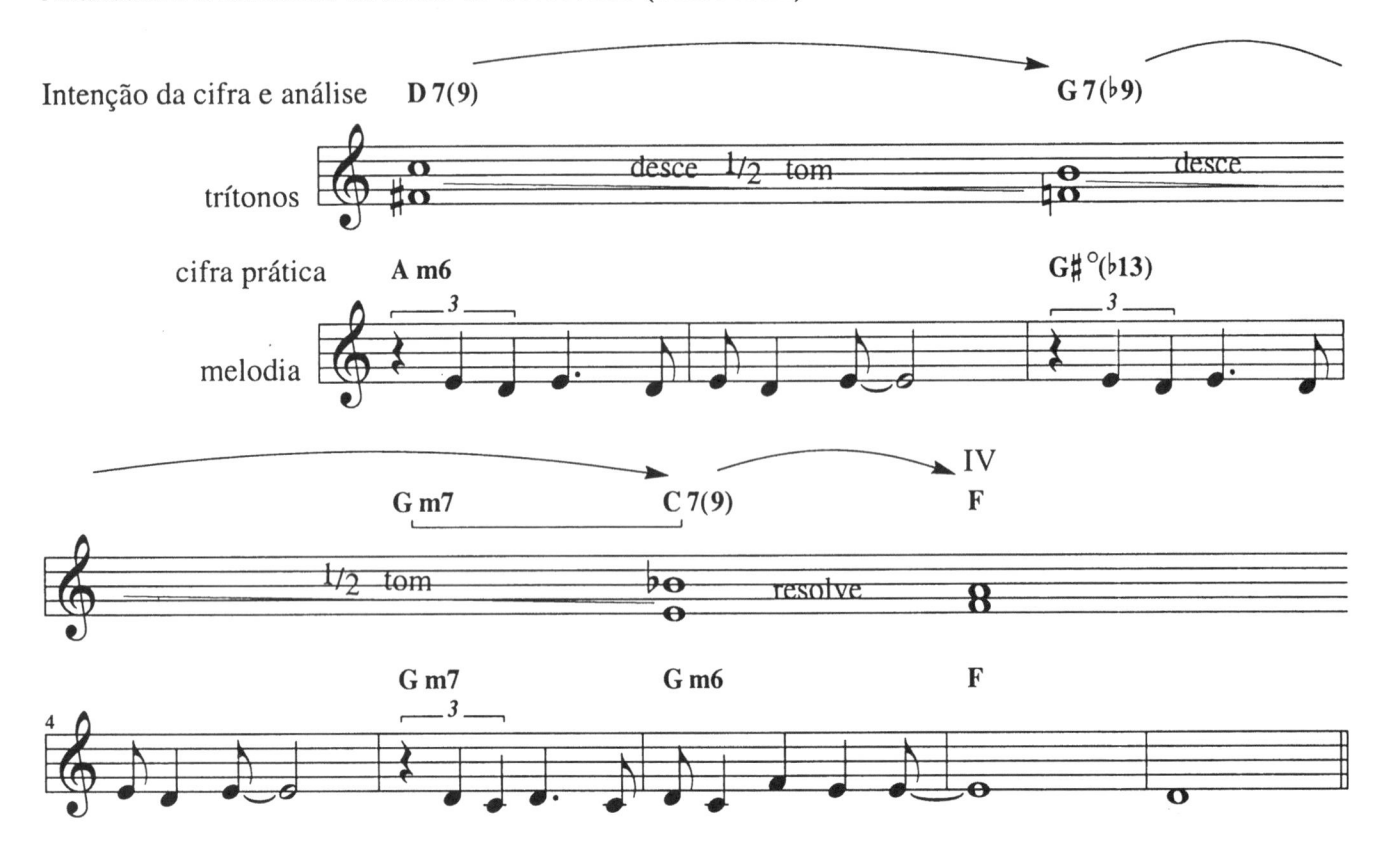

[Partitura com análise: Intenção da cifra e análise: D 7(9) → G 7(♭9); trítonos descem 1/2 tom; cifra prática: A m6, G♯°(♭13); melodia.

Segunda linha: G m7 → C 7(9) → IV F; 1/2 tom, resolve.

Terceira linha: G m7, G m6, F]

Para efeitos de análise, os trítonos cromáticos descendentes devem ser percebidos para alertar que se trata de dominantes seguidos, mesmo sendo disfarçados por cifras m6 ou dim.

Exercício 111 Analise a harmonia do refrão de *O samba da minha terra* (Dorival Caymmi). Escreva os trítonos e as intenções das cifras correspondentes.

[Partitura em 2/4, tonalidade com dois sustenidos: C m6, B m6, B♭ m6, D 6/A]

Conclusão: o sistema de cifras proporciona uma leitura fácil, prática e simples. Cabe ao estudante de harmonia "decifrar" a intenção de uma cifra, e não ao instrumentista.

Em tempo: o acorde m6, como tal, aparece autenticamente sobre os graus I e IV. Nos outros locais, é dominante disfarçado.

E ♦ HARMONIA NO TOM MENOR

1 Conceitos

- Escalas menores

As 7 notas diatônicas da escala maior, quando consideradas a partir do 6º grau, formam a escala *menor natural*. No caso da escala de dó maior (feita com notas naturais, começando e terminando em dó) o 6º grau é lá. As mesmas 7 notas, naturais, começando e terminando em lá, formarão a escala de lá menor natural.

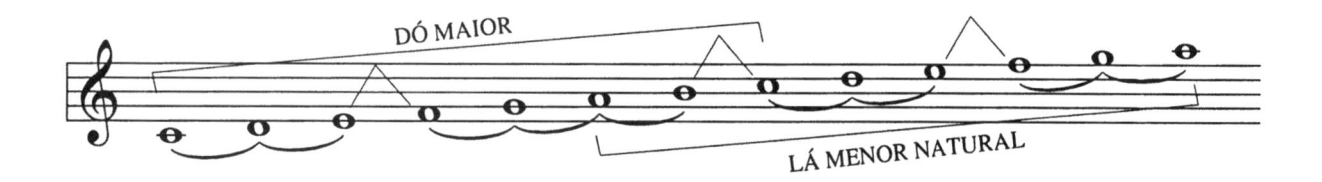

A escala maior tem a estrutura, expressa em tons: 1 1 $1/2$ 1 1 1 $1/2$

A menor natural: 1 $1/2$ 1 1 $1/2$ 1 1.

Duas escalas (uma maior e outra menor) com a mesma armadura (mesmas 7 notas) são chamadas escalas *relativas*. Dó maior e lá menor são relativas entre si. O tom relativo menor é situado 3ª menor abaixo do tom maior.

As 7 notas da escala menor não são definidas como na escala maior. A 6ª e a 7ª notas da escala menor podem ser alteradas para cima. Estas alterações não aparecem na armadura de clave. Tradicionalmente, três tipos de escala menor são conhecidos:

MENOR NATURAL

MENOR HARMÔNICO

MENOR MELÓDICO

Há ainda:

a) escala menor melódica real (ou escala "bachiana"), que, ao contrário da menor melódica, sobe e desce da mesma forma:

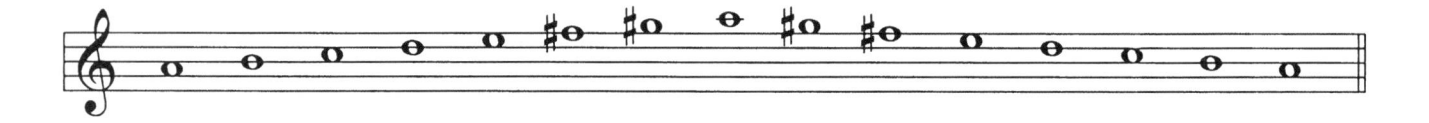

b) escala dórica:

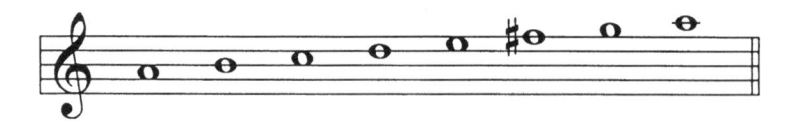

As escalas menores que apresentam o 7º grau alterado para cima (de nome sensível) são *tonais*: harmônica e melódica. As demais são modais: natural e dórica. A nota da sensível (7M) produz o sentido tonal, preparando a tônica da qual se aproxima por 1/2 tom.

Exercício 112 Escreva as escalas menores naturais de *sol*♯ e *fá* duas vezes cada uma, usando acidentes locais na primeira vez e armadura na segunda vez.

Exercício 113 Escreva as escalas menores naturais cujas notas e graus são indicados. Use somente acidentes locais. Reescreva-as com armadura.

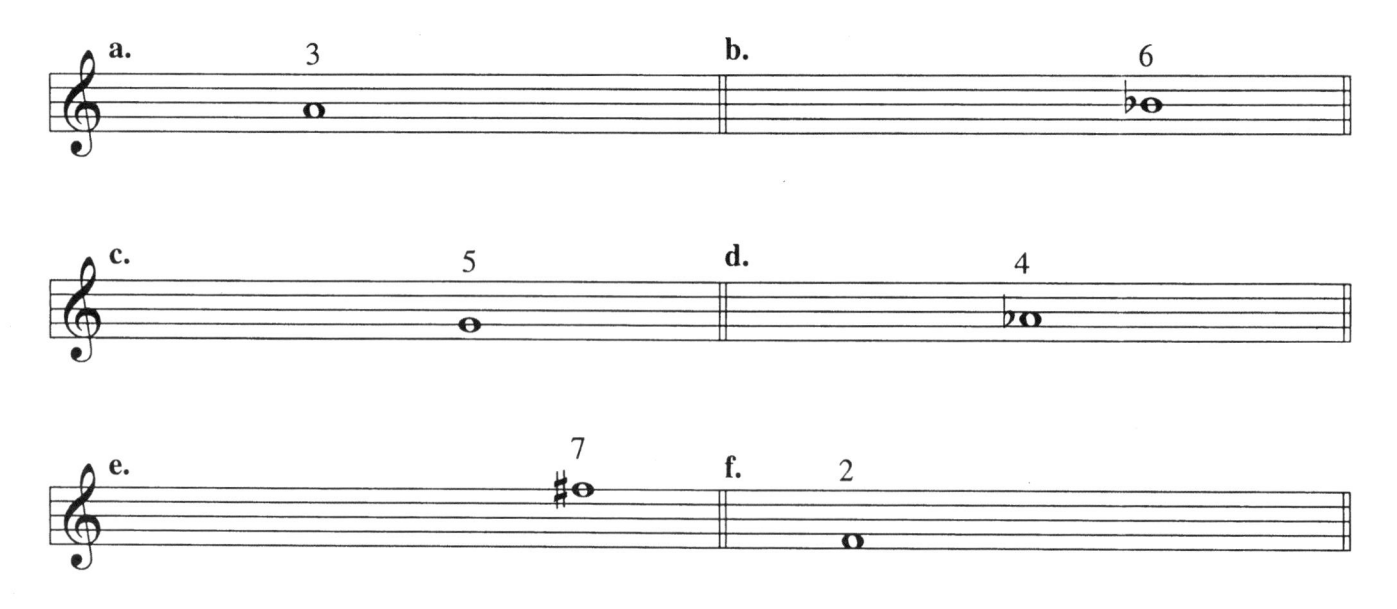

Exercício 114 Escreva as escalas pedidas, indicada uma de suas notas com o respectivo grau. Use acidentes locais. Reescreva-as com armadura.

a. MENOR HARMÔNICO

b. MENOR MELÓDICO ASCENDENTE

c. MENOR NATURAL

d. MENOR HARMÔNICO

e. MENOR MELÓDICO ASCENDENTE

f. MENOR HARMÔNICO

Exercício 115 Qual é a escala relativa de

a. sol maior

b. sol menor

c. si maior

d. fá♯ menor

e. lá menor

f. lá♭ maior

g. mi maior

h. si♭ maior

i. si♭ menor

■ Tom menor

O tom menor utiliza notas de diferentes tipos de escalas menores, em estado *misturado*. Além das notas indicadas pela armadura, usa 6ª e 7ª alteradas, com acidentes locais. Esses dois graus alterados se integram de tal maneira no tom menor que muitos teóricos hoje os consideram notas *diatônicas* (além das 7 notas da própria armadura). A diatonia no tom maior é restrita às 7 notas da armadura.

Assim, o tom menor define apenas as 5 primeiras notas da escala, chamadas *pentacórdio menor*. A 6ª e a 7ª são livres, móveis. Em geral, não é comum música feita exclusivamente em menor harmônico ou menor melódico (tal classificação só cabe às escalas), embora se encontrem músicas em menor natural (também chamado eólio) e em dórico. Nestes últimos dois casos a música, inequivocamente, é *modal*, graças à ausência da nota da sensível. O eólio e o dórico são chamados *modos* pela mesma razão, o que não impede que ocorram no tonalismo.

2 | Acordes diatônicos

Com a utilização das 9 notas que o tom menor oferece, 7 naturais e 2 alteradas, é possível montar uma grande quantidade de acordes "diatônicos". Entretanto, vamos selecionar somente os acordes do vocabulário consagrado pelo uso.

Dó maior e lá menor são tons relativos (mesma armadura/tônica diferente). Dó maior e dó menor são tons homônimos (mesma tônica/armadura diferente). Os exemplos a seguir são no tom de dó menor (em vez de lá menor), visto que existe relação mais forte entre tons homônimos do que entre tons relativos. (A referência consagrada é dó maior, base para o raciocínio estrutural.)

Relacionadas abaixo estão as 14 tétrades diatônicas de maior ocorrência no tom menor. (Entre os 14 acordes, dois não são tétrades, mas tríades com 6ª.)

[Bb7 chord shown, labeled bVII]

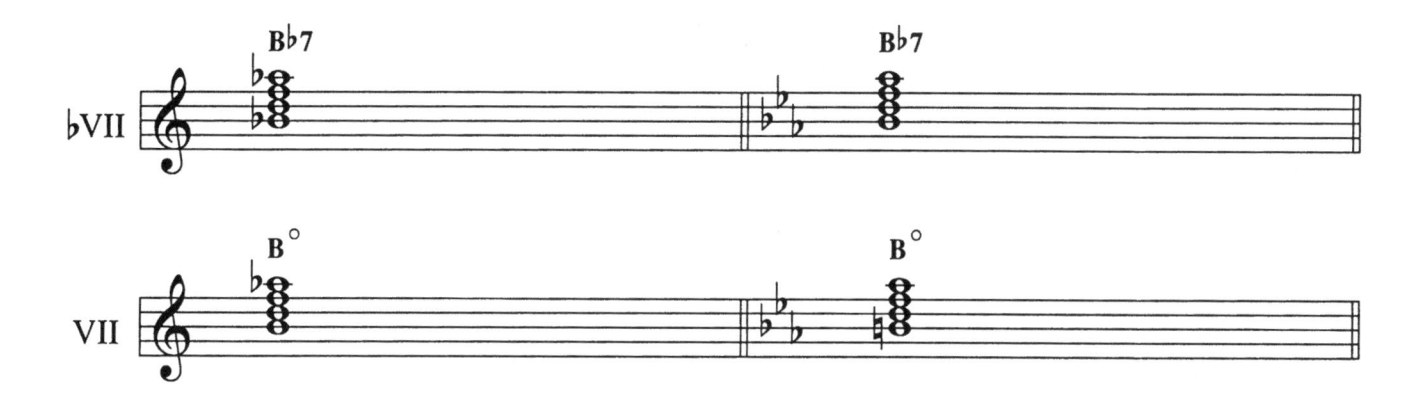

[B° chord shown, labeled VII]

Tal como no capítulo sobre tétrades diatônicas (capítulo do mesmo nome), usaremos uma única nota fundamental escolhida, *ré*, para a construção dos 7 tipos de tétrades, possibilitando assim a comparação das estruturas dos acordes (do acorde de maior tamanho em direção ao menor).

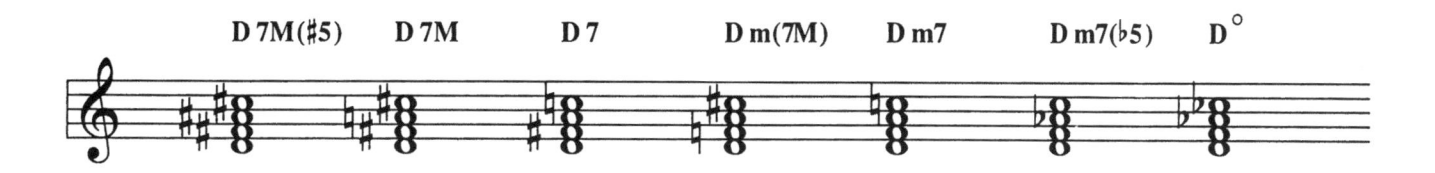

[Chord examples: D 7M(#5), D 7M, D 7, D m(7M), D m7, D m7(b5), D°]

Exercício 116 Em que tom(s) menor(es) e grau(s) se encontra cada um dos acordes acima?

Exercício 117 Toque os 7 acordes sobre a nota ré, réb, dó, si, sib e assim sucessivamente.

Para que o estudante possa adquirir raciocínio necessário para construir escalas de acorde (e encontrar as notas de tensão disponíveis), daremos as escalas de acorde em forma de exercícios a partir de agora. Convém rever o processo consultando o capítulo "Escalas de acorde, generalidades".

Vale observar que os acordes diatônicos no tom menor, quando feitos somente com notas da armadura, coincidem com os acordes do tom relativo maior (em graus diferentes):

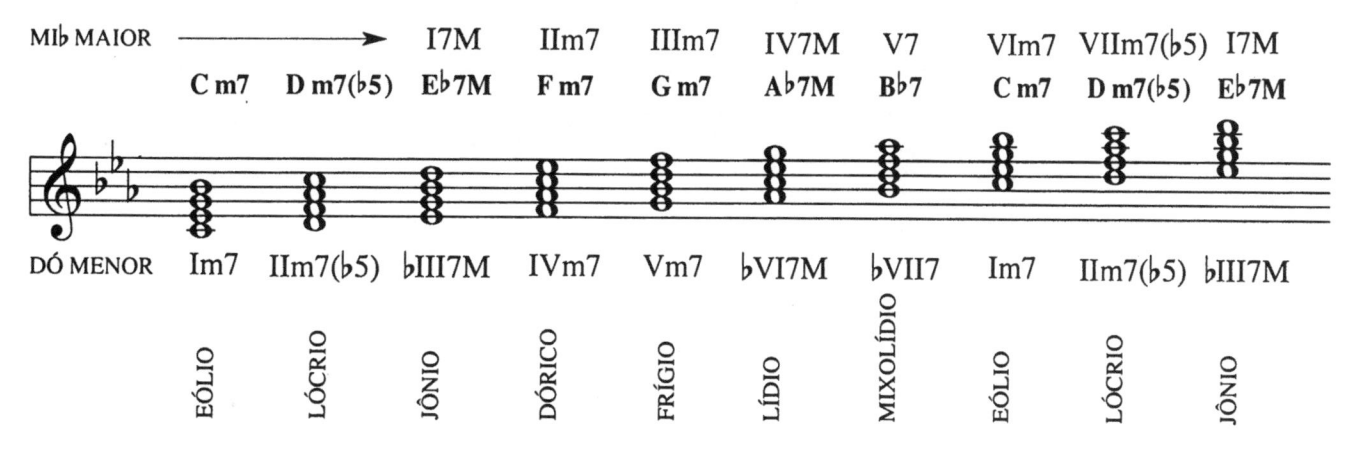

MIb MAIOR		I7M	IIm7	IIIm7	IV7M	V7	VIm7	VIIm7(b5)	I7M
C m7	D m7(b5)	Eb 7M	F m7	G m7	Ab 7M	Bb 7	C m7	D m7(b5)	Eb 7M
DÓ MENOR	Im7	IIm7(b5)	bIII7M	IVm7	Vm7	bVI7M	bVII7	Im7	IIm7(b5)	bIII7M
EÓLIO	LÓCRIO	JÔNIO	DÓRICO	FRÍGIO	LÍDIO	MIXOLÍDIO	EÓLIO	LÓCRIO	JÔNIO

Exercício 118 Usando o mesmo esquema do capítulo "Construção da escala de acorde", construa as respectivas escalas dos 14 acordes diatônicos no tom menor (relacionadas nas páginas 118/119). Marque as n.a., T, S e notas evitadas. Coloque as cifras com as notas de T disponíveis. Use a armadura de clave. Escreva o nome da escala, quando souber. Exemplo:

Siga desta forma nos outros 13 acordes. (Lembre que notas de T, S e EV são normalmente notas dentro da armadura.) Tente formar as primeiras 3 ou 4 escalas; confira-as no fim do livro e siga sozinho.

3 Preparação dos graus

Tal como no tom maior, cada acorde diatônico ou grau do tom menor pode ser preparado pelo respectivo dominante ou II V secundário; pelo sub V ou II sub V secundário; pelo diminuto de função dominante. Somente os acordes diminutos e meio-diminutos *não* são preparados (por não oferecerem repouso de resolução). O acorde VII° não pode ser preparado; no entanto, baixando a fundamental por $1/2$ tom, o VII° se transforma em ♭VII7, da lista dos 14 acordes, tornando-se apto a resolver qualquer preparação. Baixando a fundamental de IIm7(♭5) para formar ♭II7M, temos mais um acorde em nossa lista. Um exemplo é *Gabriela* (Tom Jobim) em lá menor:

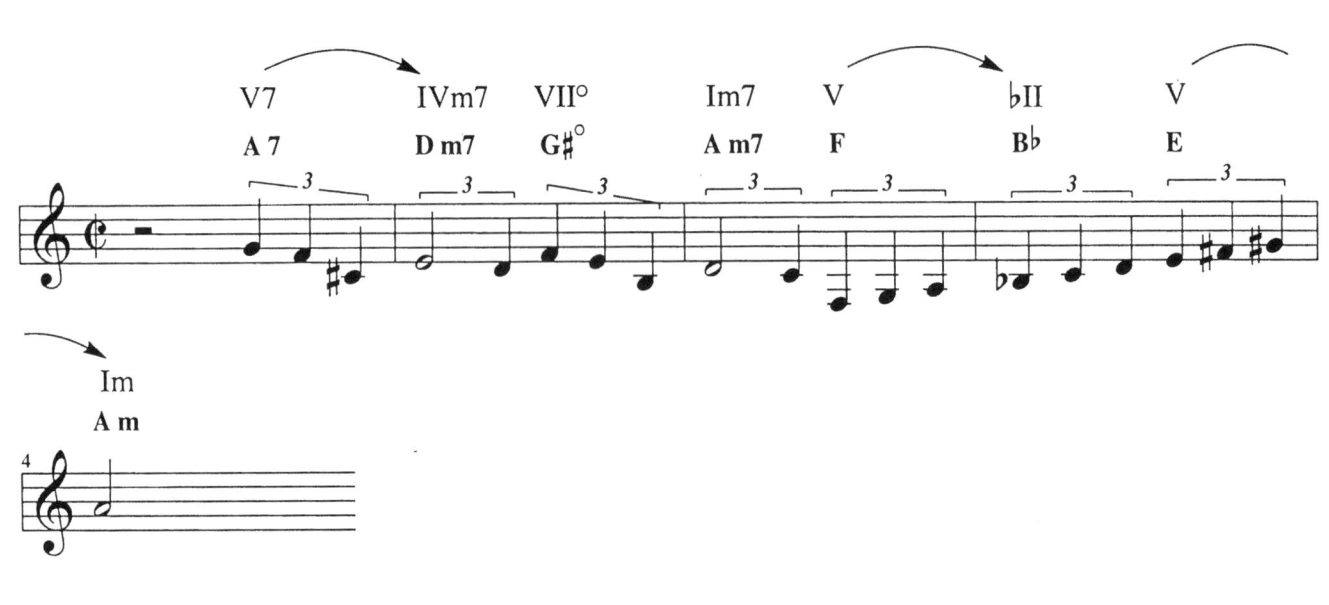

Coloquemos 7 acordes diatônicos em seqüência, criando o movimento do baixo em 5as descendentes (ou 4as ascendentes).

Fizemos isso em tom maior no capítulo sobre tétrades diatônicas (página 47).

Tom: sol menor

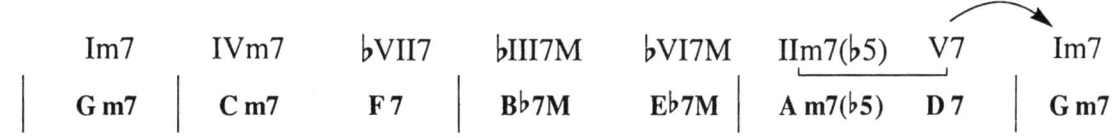

Im7	IVm7	♭VII7	♭III7M	♭VI7M	IIm7(♭5)	V7	Im7
G m7	C m7	F 7	B♭7M	E♭7M	A m7(♭5)	D 7	G m7

Escutar

IIm7	V7	♭III7M
C m7	F 7	B♭7M

como dominante secundário não está errado, mas a primeira análise, por graus diatônicos, também é correta. É interessante colocar as duas análises simultaneamente, aplicando o jogo ⌐⎯⎯, ⌒◀ diretamente nas cifras:

IVm7	♭VII7	♭III7M
C m7	F 7	B♭7M

Esta progressão está presente em músicas de cunho muito popular, como no refrão de *Autumn leaves* (Johnny Mercer) e na segunda parte de *Você abusou* (Antônio Carlos/Jocafi). Esta progressão, em ambas as canções, pode ser transformada em

					♭II7M		
G m7	C m7	F 7	B♭7M	E♭7M	A♭7M	D 7	G m7

onde ♭II7M **A♭7M** substitui IIm7(♭5) **Am7(♭5)**. Vimos que o acorde ♭II7M ingressou no vocabulário "diatônico" do tom menor para ficar. Experimente os dois trechos sugeridos nas duas versões.

Exercício 119 Escreva a escala do acorde **D♭7M** no tom de dó menor.

• Escalas de acordes na preparação dos graus (notas diatônicas ao tom do momento):

– dominantes secundários: mixolídio preparando maior
                 men har 5↓ preparando menor
                 lídio ♭7 em sub V7

– diminutos de função dom: dim sim preparando maior
                 men nat $^{1}/_{2}$↑ preparando menor

– II cadenciais: dórico em IIm7
         lócrio em IIm7(♭5)

Exercício 120 Faça a análise e escreva as escalas dos acordes abaixo. Os tons (menores) são dados pelas armaduras. (Os diminutos, aqui de função dominante, resolvem 1/2↑.) Coloque também as cifras com as notas de T disponíveis.

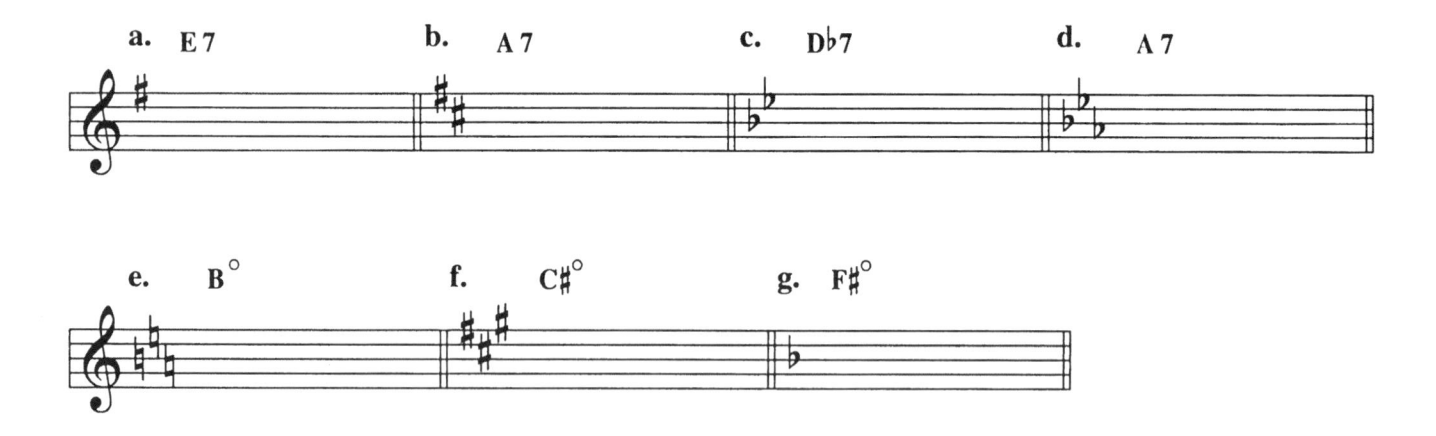

a. E7   b. A7   c. D♭7   d. A7

e. B°   f. C♯°   g. F♯°

Exercício 121 Faça a análise dos acordes nos tons menores indicados pelas armaduras. Anote o nome da escala de acorde.

a. C7M(♯5)   b. Gm7   c. Gm7   d. A♭7M   e. A♭7M

f. E7   g. E7   h. E7   i. E7   j. E7

k. E7   l. E7   m. Dm(7M)   n. Dm6   o. Dm6

p. A°   q. A°   r. A°   s. B°

Exemplo: *Luiza* (Tom Jobim), primeira parte:

Observações: – nos compassos 11-12 o mesmo grau aparece em duas estruturas diferentes; na análise basta assinalar o grau e a estrutura comum a ambas
– **B♭7** nos compassos 10 e 18 é percebido como dominante do próximo acorde, não soando ♭VII7
– **C7M** no compasso 15 não é encontrado no "cardápio" do tom menor: vem "emprestado" do tom homônimo maior
– **Fm** no compasso 17 apresenta (7M), nota cromática (fora do tom)

Exercício 122 Faça a análise da primeira parte de *Falando de amor* (Tom Jobim):

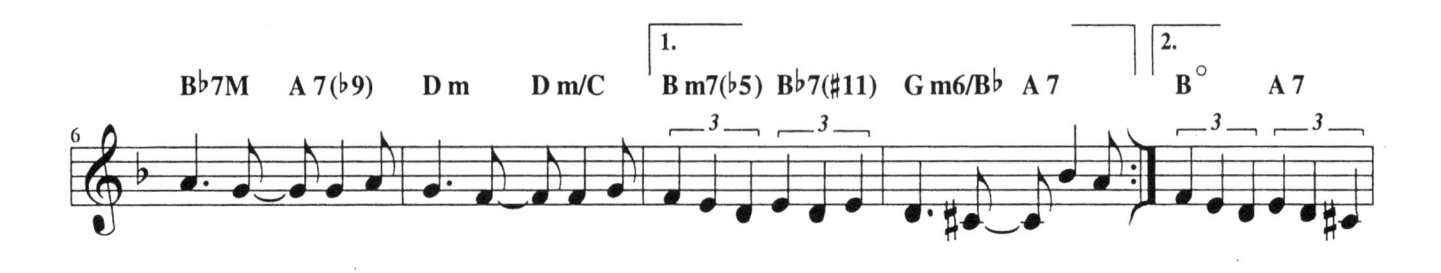

* **Cm6** na realidade é **Am7(♭5)** invertido, com a intenção de fazer um jogo II V com D7 preparando para **Gm**. No entanto, a condução cromática do baixo sugere a evolução **B7(♯11) B♭7M A7(♭9)**. **Cm6** seria analisado, precariamente, IIm7(♭5) (V7/IV), colocando entre parêntesis a análise dos acordes para onde aponta a "intenção".

Confira, tocando:

| C m6   B 7(♯11) | B♭7M   A 7(♭9) | D m |

e em seguida

| A m7(♭5)   D 7 | G m7   C 7 | F |

A primeira solução é mais suave quando comparada com a segunda.

Exercício 123 Percepção faixa 56. Ouça e escreva a harmonia da primeira parte de *Manhã de carnaval* (Luiz Bonfá/Antonio Maria). Faça a análise.

Exercício 124 Harmonize a primeira parte de *Regra três* (Toquinho/Vinicius de Moraes). Escolha primeiro linha do baixo e linhas intermediárias e, então, os acordes faixa 57 (só a melodia gravada).

Repertório de exemplos: *A noite do meu bem* (Dolores Duran), *Apelo* (Baden Powell/Vinicius de Moraes), *Coração vagabundo* (Caetano Veloso), *De onde vens* (Dori Caymmi/Nelson Motta), *Ela desatinou* (Chico Buarque), *João e Maria* (Sivuca/Chico Buarque), *A rã* (João Donato/Caetano Veloso), *Deixa* (Baden Powell/Vinicius de Moraes), *Retrato em branco e preto* (Tom Jobim/Chico Buarque), *Só por amor* (Baden Powell/Vinicius de Moraes), *Amazonas* (João Donato/Lysias Ênio), *Lamento no morro* (Tom Jobim/Vinicius de Moraes), *O grande amor* (Tom Jobim/Vinicius de Moraes), *Por toda a minha vida* (Tom Jobim/Vinicius de Moraes), *Menina-moça* (Luiz Antonio), *Sem mais adeus* (Francis Hime/Vinicius de Moraes), *Valsinha* (Chico Buarque/Vinicius de Moraes), *A lenda do Abaeté* (Dorival Caymmi), *O bem do mar* (Dorival Caymmi), *Canção da partida*, de *História de pescadores* (Dorival Caymmi), *Morena do mar* (Dorival Caymmi), *Risque* (Ary Barroso), *Azul* (Djavan), *Cerrado* (Djavan), *Samba e amor* (Chico Buarque), *O meu amor* (Chico Buarque), *Roda viva* (Chico Buarque), *Atrás da porta* (Edu Lobo/Chico Buarque), *Pra dizer adeus* (Edu Lobo/Torquato Neto), *Luz negra* (Nelson Cavaquinho/Amâncio Cardoso), *Sem compromisso* (Geraldo Pereira/Nelson Trigueiro), *As rosas não falam* (Cartola), *Serra da Boa Esperança* (Lamartine Babo), *Teresinha de Jesus* (tradicional), *Se essa rua fosse minha* (tradicional), *Cajuína* (Caetano Veloso), *Fita amarela* (Noel Rosa), *Tigresa* (Caetano Veloso), *Na cadência do samba* (Ataulfo Alves), *Manhã de carnaval* (Luiz Bonfá/ Antonio Maria).

RESOLUÇÃO DOS EXERCÍCIOS

Exercício 2   dó fá si ré sol fá dó mi lá si ré dó sol mi lá

Exercício 3

Exercício 4

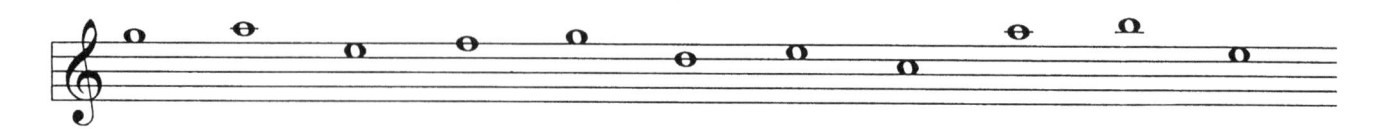

Exercício 5

Exercício 6   oitava 5

Exercício 7   1   1   ½   1   1   1   ½   1   ½   ½

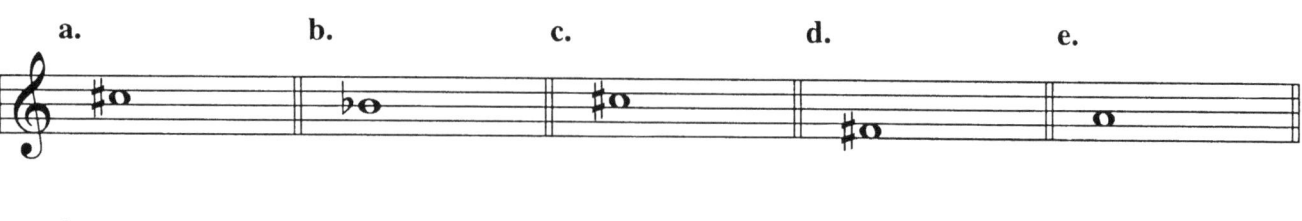

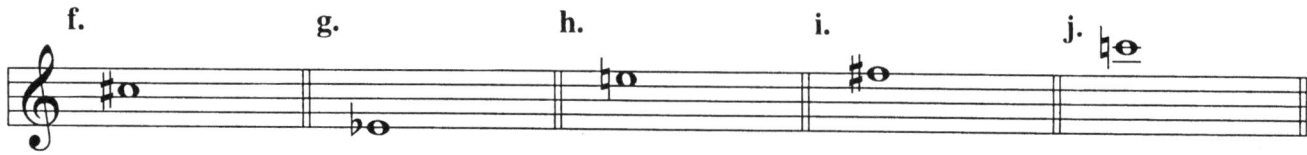

Exercício 8

a.   b.   c.   d.   e.

f.   g.   h.   i.   j.

Exercício 9

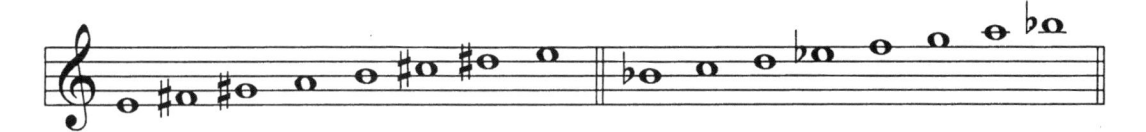

Exercício 10

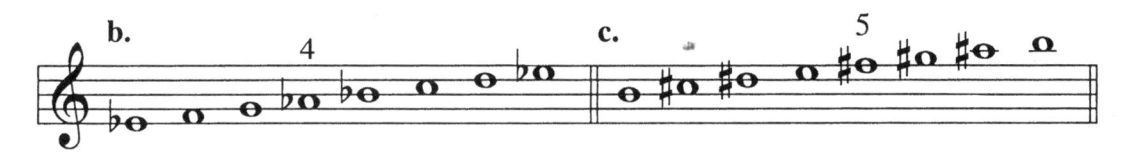

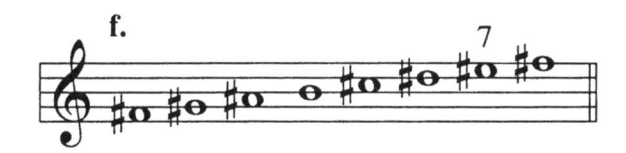

Exercício 12   3m 3m 2M 2m 3M 3M 4J 5J 5dim 5dim 5aum 4J 2aum 7M 6M 6m 4aum 7m 7dim 7M 7m 6M 4aum 5dim

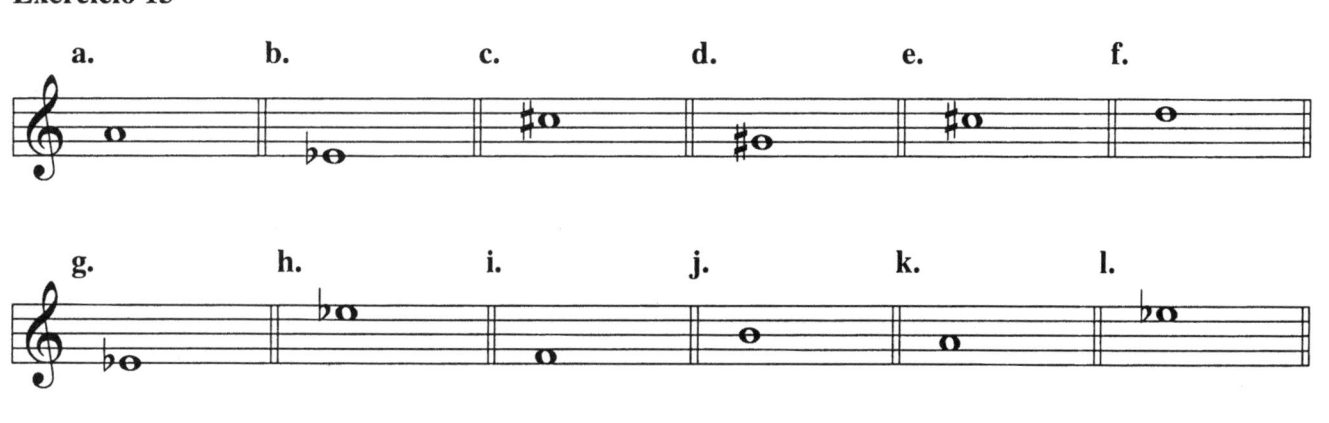

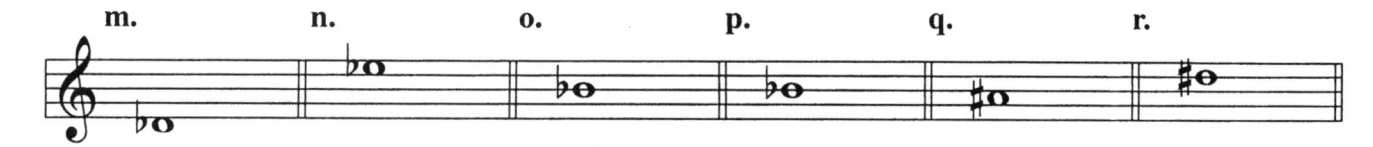

Exercício 13

Exercício 14

a.

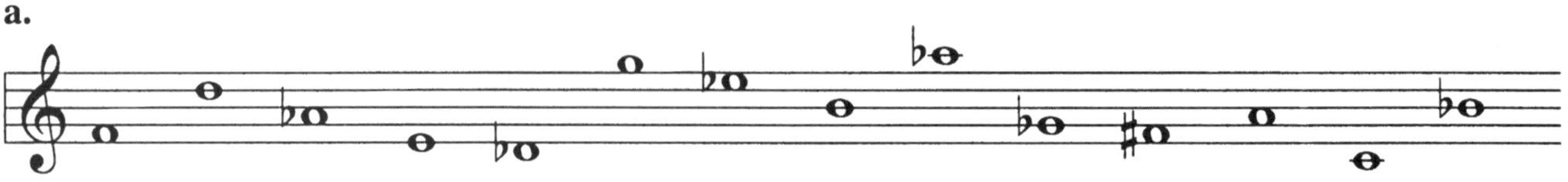

b.

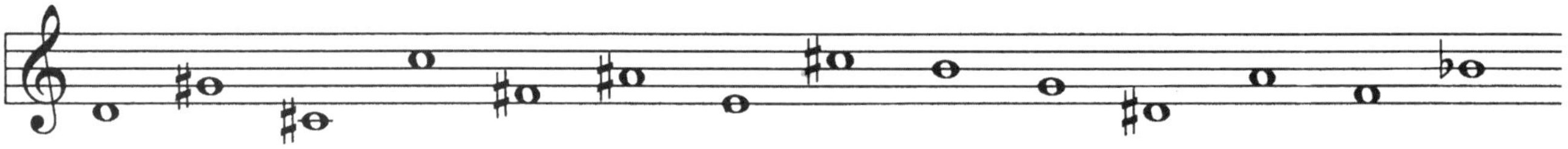

c.

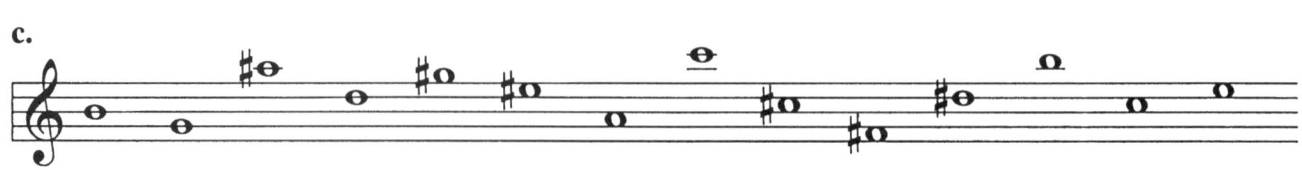

Exercício 15

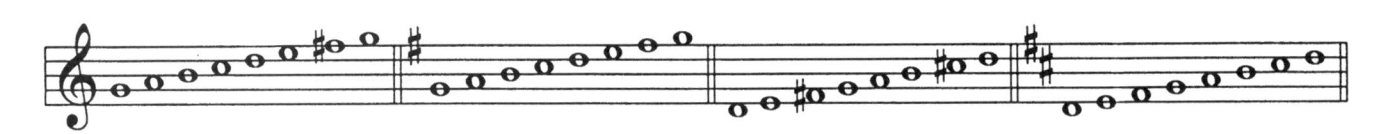

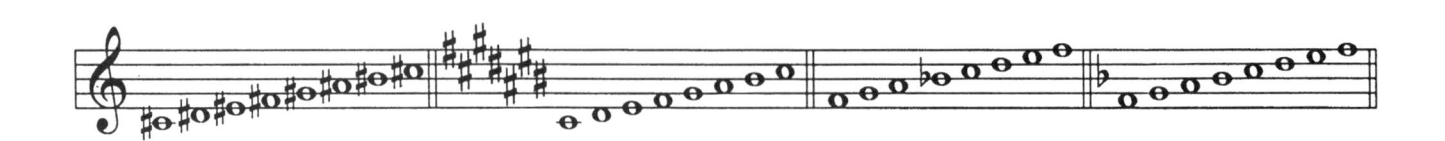

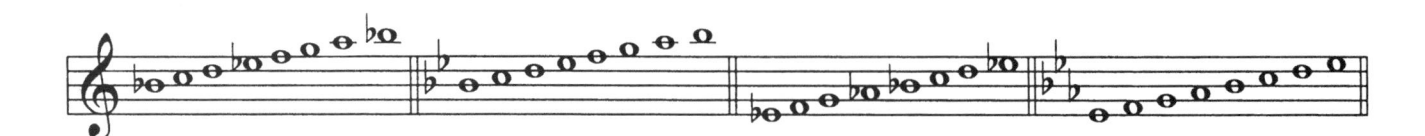

Exercício 16

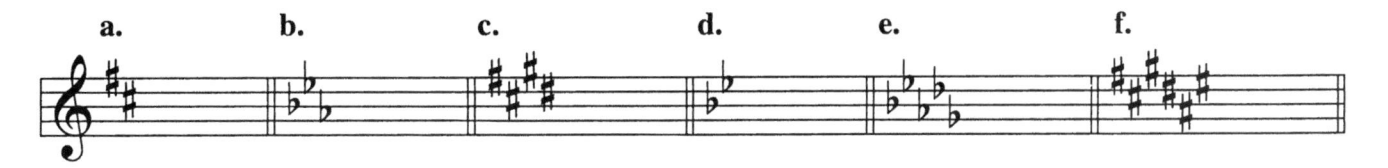

a. b. c. d. e. f.

Exercício 17   a. lá   b. fá   c. láb   d. sol   e. si   f. solb

Exercício 18   a. Em   b. A   c. Gm   d. Eb+   e. Ab   f. A#°   g. Gb+

Exercício 19

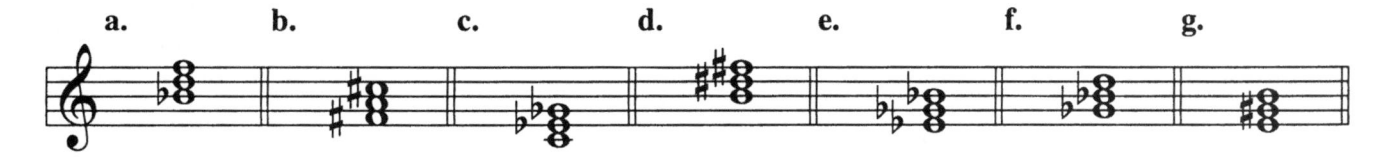

a. b. c. d. e. f. g.

Exercício 20

a. Am7   b. D7(b5)   c. Bb7M   d. Db7M(#5)   e. G#°   f. Fm(7M)   g. E7(b5)   h. Ab7(#5)
i. C#°   j. Gb7   k. E#m7   l. Eb7M(#5)   m. F7(#5)   n. Gm7(b5)   o. F#7   p. Cm7(b5)

Exercício 21

a. b. c. d. e. f. g. h.

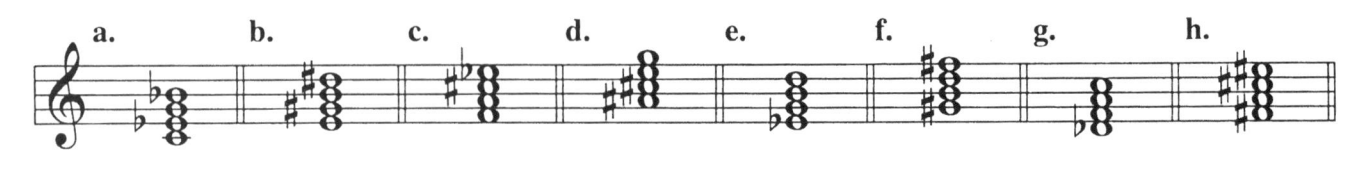

i. j. k. l. m. n. o. p.

Exercício 22   a. E6   b. C#m6   c. E♭6   d. Fm6   e. Bm6   f. G♭6

Exercício 23

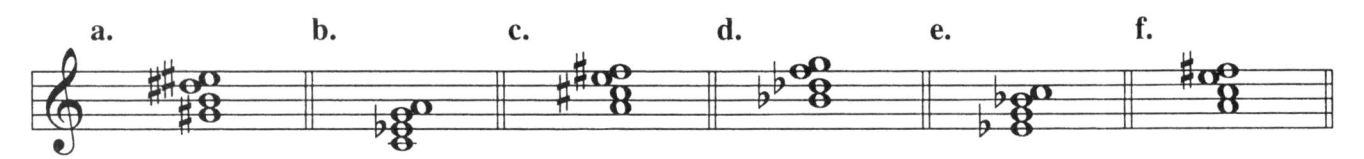

a. b. c. d. e. f.

Exercício 24

A   a. D m7(♭5)   b. D 7M(#5)   c. D m(7M)   d. D°   e. D 7(#5)

B   a. B♭6   b. B♭7(♭5)   c. B m7   d. B♭7   e. B m6

C   a. G♭7M(#5)   b. G#7(♭5)   c. G 6   d. G m7   e. G 7

D   a. E 7(#5)   b. E m7(♭5)   c. E#°   d. E♭m(7M)   e. E m7

Exercício 25

A
a. A 7M
b. E 7M
c. B♭7M
d. D 7M
e. A♭7M

B
a. E m7
b. F m7
c. E m7
d. D m7
e. F♯m7
f. E♭m7

C
a. F 7
b. A 7
c. E♭7
d. D♭7
e. A♭7
f. F♯7

D
a. C 7M(♯5)
b. E♭7M(♯5)
c. G 7M(♯5)
d. B♭7M(♯5)
e. D♭7M(♯5)
f. E 7M(♯5)
g. G♭7M(♯5)

E
a. F♯m7(♭5)
b. G♯m7(♭5)
c. D♯m7(♭5)
d. F♯m7(♭5)
e. A m7(♭5)
f. G m7(♭5)
g. G m7(♭5)

F
a. B m(7M)
b. A m(7M)
c. B m(7M)
d. F♯m(7M)
e. C m(7M)
f. E♭m(7M)
g. A♭m(7M)

G
a. D♯°
b. B°
c. A♯°
d. C♯°
e. E°
f. A♯°
g. G♯°

H
a. G♭7(♯5)
b. F 7(♯5)
c. G♭7(♯5)
d. G 7(♯5)
e. E♭7(♯5)
f. A 7(♯5)
g. B♭7(♯5)

I

a. D7(♭5)   b. D♯7(♭5)   c. G7(♭5)   d. F7(♭5)   e. D7(♭5)   f. C×7(♭5)   g. F♯7(♭5)

J

a. F♯6   b. A♭6   c. E6   d. D♭6   e. F♯6   f. F6   g. A6

K

a. Bm6   b. Am6   c. F♯m6   d. Gm6   e. B♭m6   f. G♯m6   g. Gm6

Exercício 26

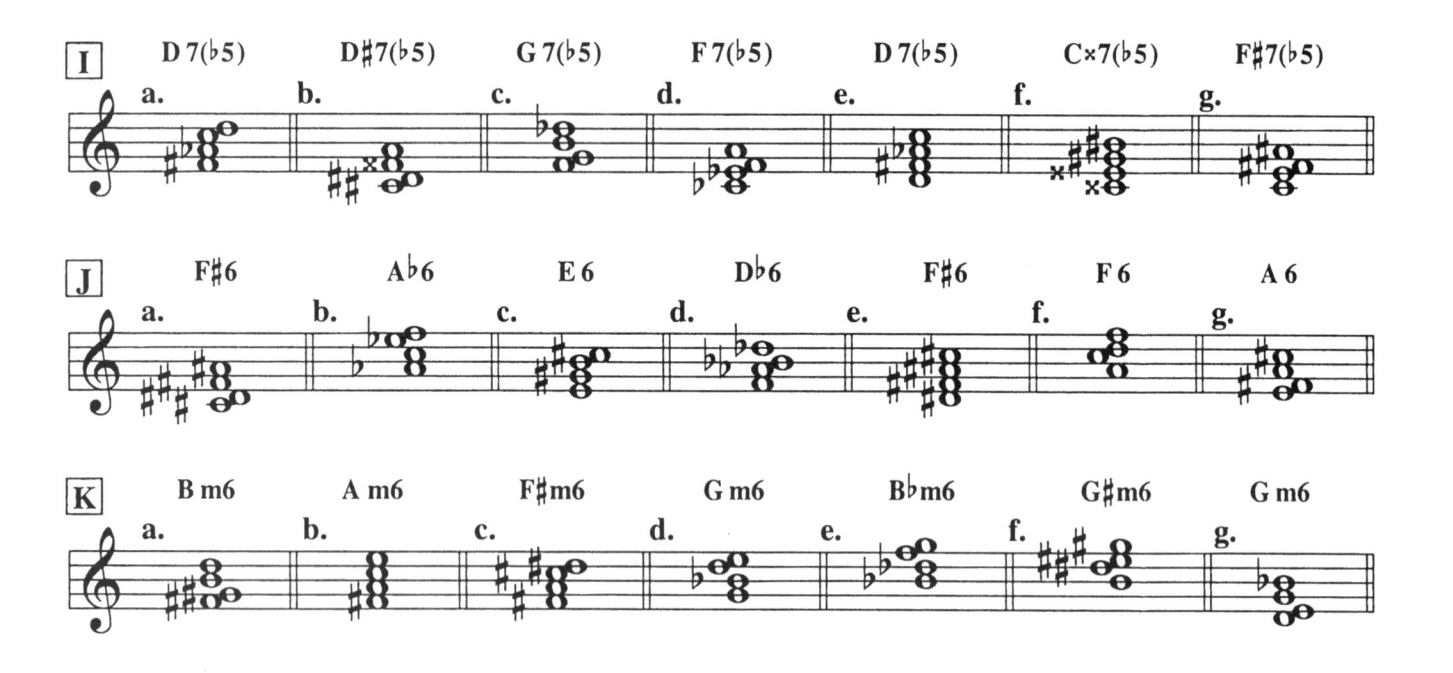

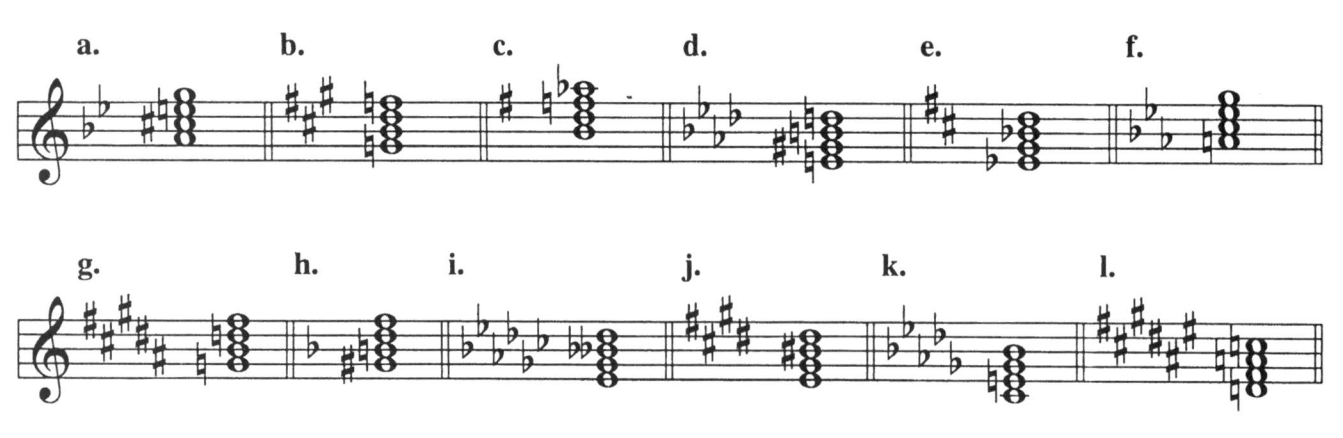

a. b. c. d. e. f.

g. h. i. j. k. l.

Exercício 27

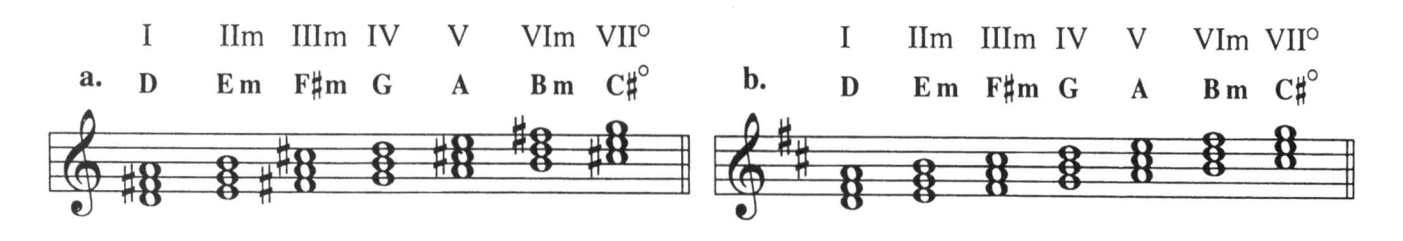

	I	IIm	IIIm	IV	V	VIm	VII°
a.	D	Em	F♯m	G	A	Bm	C♯°

	I	IIm	IIIm	IV	V	VIm	VII°
b.	D	Em	F♯m	G	A	Bm	C♯°

Exercício 28   a. maior   b. menor   c. diminuta

Exercício 29

a. IV   b. VIm   c. VII°   d. I   e. IIIm   f. V   g. IIm   h. IV   i. VIm   j. IIm

Exercício 30

a. E   b. F♯°   c. Fm   d. B♭   e. A   f. B♭m   g. G♯m   h. B♭m

Exercício 31

a. fá dó si♭   b. VIm IIIm IIm   c. IV I V   d. si   e. mi lá si   f. VII°

Exercício 32

‖ B♭   Dm | E♭   Cm | F   A° | Gm   E♭ | B♭ ‖

Exercício 33

𝄆 IIm   V | IIIm   VIm | IIm   VII° | I | IIm   V | IIIm   VIm |

7
| IIm   VII° | I | IV | I | IV | I 𝄇

Exercício 34 [faixa 02]

a. m   b. M   c. M   d. dim   e. m   f. aum   g. dim   h. aum

Exercício 35 [faixa 03]

1º passo ‖ 2/4 I   VIm | IV   IIIm | IIm   VII° | I ‖

2º passo ‖ 2/4   I   VIm | IV   IIIm | IIm   VII° | I ‖
                    F   Dm | B♭   Am | Gm   E° | F

Exercício 36 faixa 04

Exercício 37

Exercício 38

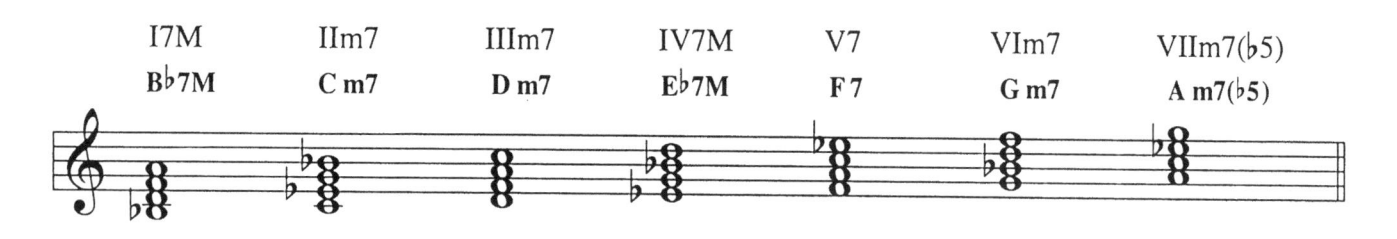

Exercício 39 a. I IV   b. II III VI   c. V   d. VII

Exercício 40 A♭7M

Exercício 42 IV7M VIIm7(♭5) IIIm7 VIm7 IIm7 V7 I7M

Exercício 43 a. VIIm7(♭5)   b. IV7M   c. V7   d. IIm7   e. IIIm7   f. I7M   g. IIIm7
h. VIIm7(♭5)   i. V7   j. IV7M

Exercício 44 a. F♯m7   b. F♯m7   c. F♯m7   d. A♭7   e. Em7   f. A♭7M   g. A♭7M
h. Em7(♭5)   i. G7M   j. Gm7   k. Em7

Exercício 45 a. mi♭ ré♭ lá♭   b. IV7M I7M   c. si   d. VIIm7(♭5)
e. IIIm7 VIm7 IIm7   f. fá si♭

Exercício 46

a. V7   b. VIm7   c. VIIm7(♭5)   d. IIIm7   e. I7M   f. IV7M

Exercício 47 faixa 07

$\frac{2}{4}$ 𝄽 ‖:
| IIm7 V7 | IIIm7 VIm7 | IIm7 VIIm7(♭5) | I7M | IIm7 V7 | IIIm7 VIm7 |
| Am7 D7 | Bm7 Em7 | Am7 F♯m7(♭5) | G7M | Am7 D7 | Bm7 Em7 |

7
| IIm7 VIIm7(♭5) | I7M | IV7M | I7M | IV7M | I7M |
| Am7 F♯m7(♭5) | G7M | C7M | G7M | C7M | G7M | :‖

Exercício 48

‖ VIm7 | IIIm7 | IV7M IIm7 | IIIm7 VIm7 | IIm7 | IIIm7 VIm7 | IIm7 V7 | I IV6 I ‖

Exercício 49 faixa 09

a. 7   b. m7   c. 7M   d. m7   e. m7(♭5)   f. 7   g. 7M   h. 7

Exercício 50 faixa 10

	I7M	IIm7	I7M	VIIm7(♭5)	VIm7	IIIm7	IIm7	V7	I7M	
2/4	A 7M	B m7	A 7M	G♯m7(♭5)	F♯m7	C♯m7	B m7	E 7	A 7M	‖

	I7M	IIm7	I7M	VIIm7(♭5)	VIm7	IIIm7	IIm7	V7	I7M	
2/4	F 7M	G m7	F 7M	E m7(♭5)	D m7	A m7	G m7	C 7	F 7M	‖

Exercício 51 faixa 11

	I7M	IV7M	V7	IIIm7	VIm7	IIm7	V7	I7M	
¢	F 7M	B♭7M	C 7	A m7	D m7	G m7	C 7	F 7M	‖

Exercício 52

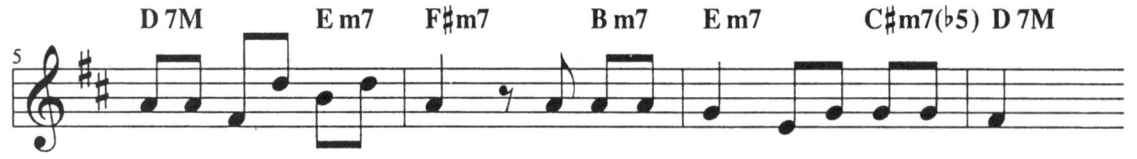

[Pentagrama em Ré maior, 3/4, compassos 1–4: D 7M | G 7M D 7M | A 7 | D 7M]

[Pentagrama, compassos 5–8: D 7M | E m7 F♯m7 | B m7 E m7 | C♯m7(♭5) D 7M]

Exercício 53   a. A7   b. C7   c. E7   d. F♯7   e. C7   f. G♯7

Exercício 54   a. E   b. B♭   c. G   d. C   e. F♯   f. G♭

Exercício 55

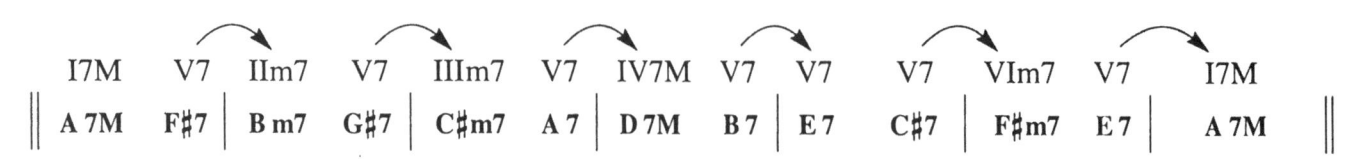

	I7M	V7	IIm7	V7	IIIm7	V7	IV7M	V7	V7	V7	VIm7	V7	I7M	
‖	A 7M	F♯7	B m7	G♯7	C♯m7	A 7	D 7M	B 7	E 7	C♯7	F♯m7	E 7	A 7M	‖

Exercício 57   a. D7   b. F♯7   c. G7   d. B♭7   e. B7

Exercício 58   **a.** III   **b.** V   **c.** VI   **d.** II   **e.** IV

Exercício 59   **a.** ré   **b.** láb   **c.** lá   **d.** sib   **e.** sol

Exercício 60

‖ A 7M   A 7 | D 7M   C♯7 | F♯m7   B 7 | E 7 | A ‖

Exercício 61

[: I | V7 | IIIm | V7 | I | V7 | V7 | V7 | IV | V7 | IIIm |

(12) | V7 | IIm7 | V7 | I | V7 :] [2.] IIm7 | V7   V7 | I | 𝄽 ‖

Exercício 62 [faixa 14]

a. ‖ I   V7 | IV   V7 | I ‖   **b.** ‖ I   V7 | IIIm   V7 | I ‖

c. ‖ I   V7 | IIm   V7 | I ‖   **d.** ‖ I   V7 | VIm   V7 | I ‖

Exercício 63

a. ‖ I7M   VIm7 | IIm7   V7 | I7M ‖   **b.** ‖ I7M   V7 | IIm7   V7 | I7M ‖

c. ‖ I7M   VIm7 | V7   V7 | I7M ‖   **d.** ‖ I7M   V7 | V7   V7 | I7M ‖

Na progressão **d.** o próprio dominante secundário (**A7**) é preparado por outro dominante, gerando uma série de três dominantes seguidos.

Exercício 64 [faixa 15]   b.   a.   d.   c.

Exercício 65 [faixa 16]

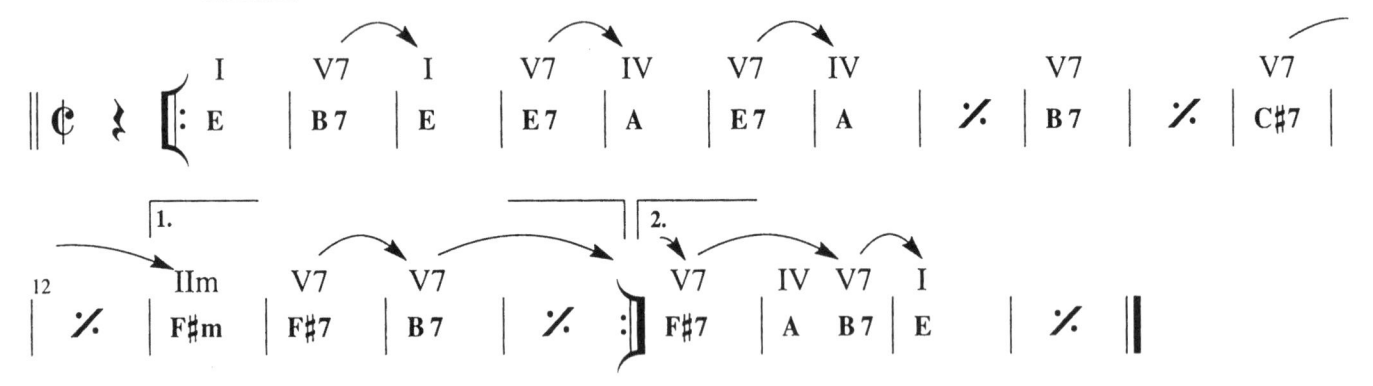

```
        I    V7    I    V7   IV   V7   IV        V7         V7
|| C  : E  | B7 | E  | E7 | A  | E7 | A  | %. | B7 | %. | C#7 |
```

```
         1.                              2.
         IIm   V7   V7              V7   IV  V7   I
12 | %. | F#m | F#7 | B7 | %. :|| F#7 | A   B7 | E  | %. ||
```

Observe:
– **B7** no meio do trecho não resolve (não há a seta)
– o último **F#7** só resolve indiretamente, após **A** (a seta passa por cima do **A**)

Exercício 66

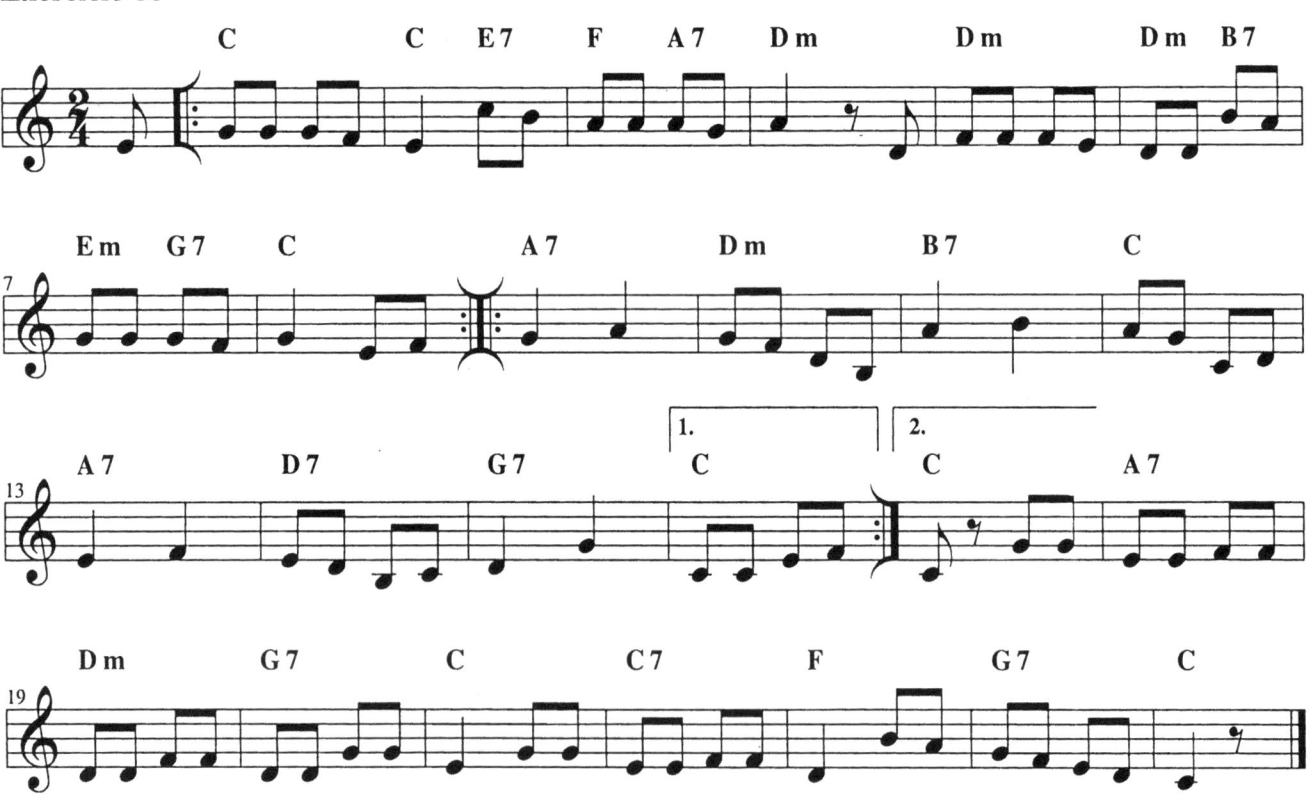

(partitura em 2/4, com os acordes:)

Compassos 1–6: C | C E7 | F A7 | Dm | Dm | Dm B7

Compassos 7–12: Em G7 | C | A7 | Dm | B7 | C

Compassos 13–18: A7 | D7 | G7 | C (1.) | C (2.) | A7

Compassos 19–24: Dm | G7 | C | C7 | F | G7 | C

Observação: Analise. Serão encontrados dois dominantes secundários que não resolvem. Não haverá a seta, mas a indicação (em forma de fração) para onde o acorde está preparando: $V7/VI$ e $V7/III$ nos acordes **E7** (compasso 2) e **B7** (compasso 11), respectivamente.

Exercício 67

‖ I | V | IV | V | IV | I | IIm7 | V7 →| IIm7 |

10
| V7 →| IIm7 | V | IV | V7 →| I | ∕. ‖

Exercício 68

‖ I6 | ∕. | IIm7 | ∕. | I6 | ∕. | IV7M | ∕. | ainda não estudado | ∕. |

11
| I7M | V7 →| VIm | V7/IV | V7

Exercício 69 [faixa 23]

‖: I   V7 VIm | V7   IV | IIm   V | I   V7
   C   E7/B Am | C7/G   F F/E | Dm Dm/C G G/F | C/E G7/D |

7 I   IV | V | IV   V   :‖
  C   F | G | F/A G/B

Exercício 70 [faixa 24]

VIm V7 →| VIm V7 | IIm V7 →| IIm não estudado | I | V7 →| I
‖ Am E7/B | Am/C A7/C♯ | Dm A7/E | Dm/F Fm6 | C/G | G7 | C

Exercício 71

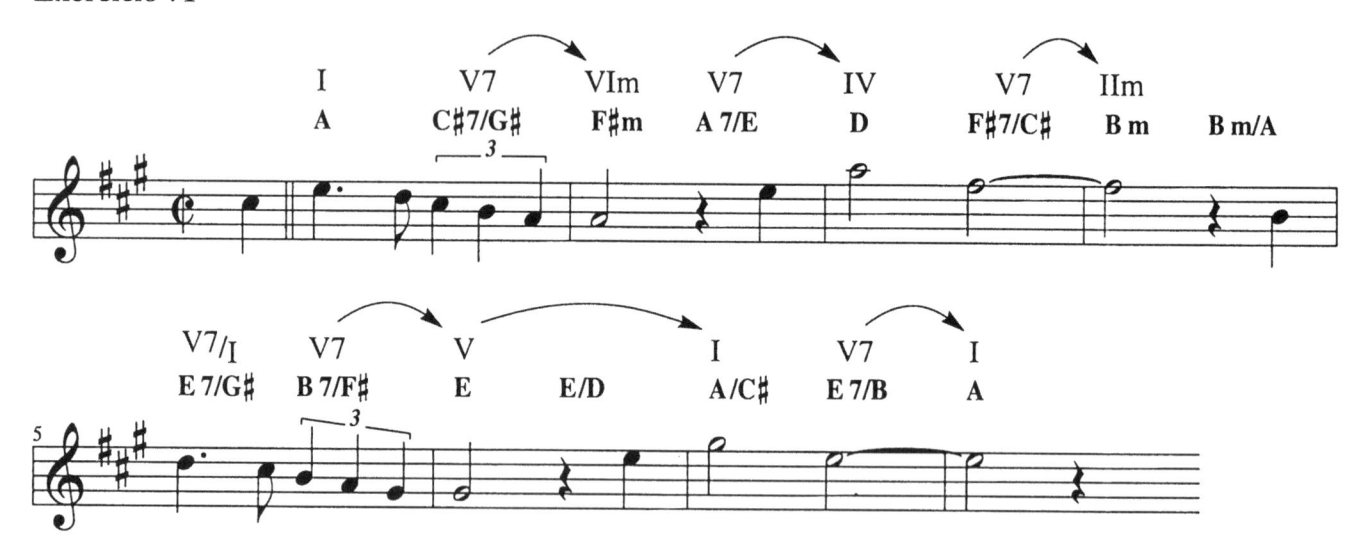

I	V7	VIm	V7	IV	V7	IIm	
A	C♯7/G♯	F♯m	A 7/E	D	F♯7/C♯	B m	B m/A

V7/I	V7	V		I	V7	I	
E 7/G♯	B 7/F♯	E	E/D	A/C♯	E 7/B	A	

Exercício 72

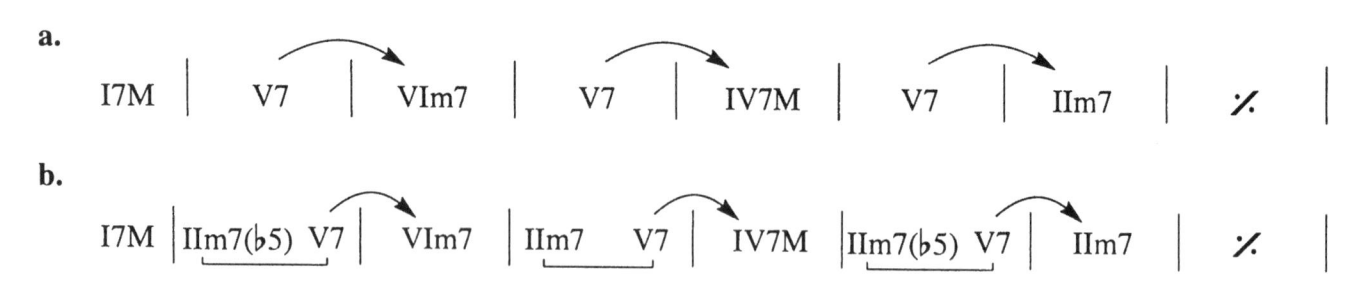

a.

| I7M | V7 | VIm7 | V7 | IV7M | V7 | IIm7 | ∕. |

b.

| I7M | IIm7(♭5) V7 | VIm7 | IIm7 V7 | IV7M | IIm7(♭5) V7 | IIm7 | ∕. |

Exercício 73

Mi maior:

| E 7M | G♯m7(♭5) C♯7 | F♯m7 | A♯m7(♭5) D♯7 | G♯m7 | B m7 E 7 | A 7M |

| C♯m7 F♯7 | B 7 | D♯m7(♭5) G♯7 | C♯m7 | F♯m7 B 7 | E 7M ‖

Si♭ maior:

| B♭7M | D m7(♭5) G 7 | C m7 | E m7(♭5) A 7 | D m7 | F m7 B♭7 | E♭7M |

| G m7 C 7 | F 7 | A m7(♭5) D 7 | G m7 | C m7 F 7 | B♭7M ‖

Exercício 74

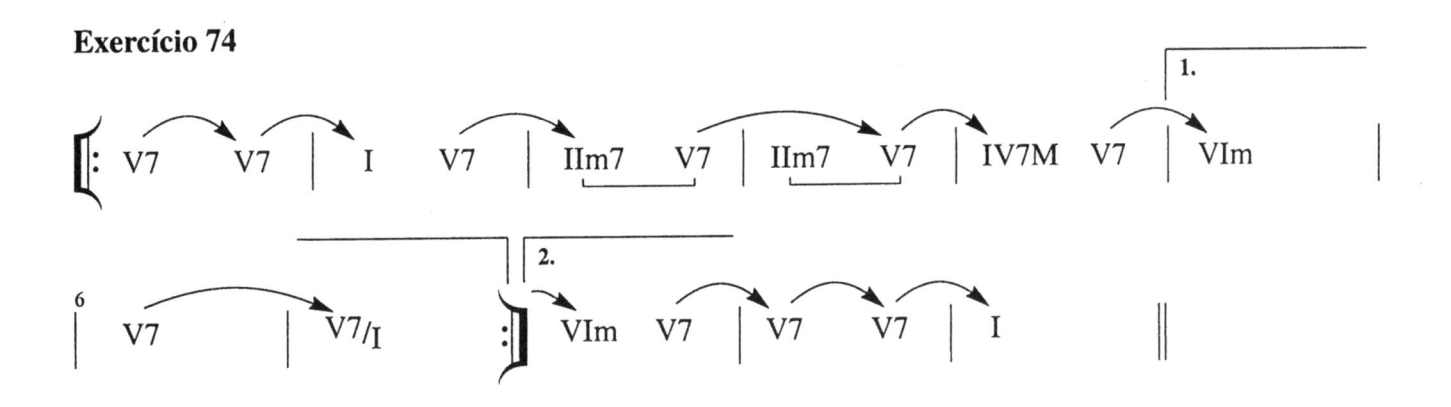

‖: V7　V7 | I　V7 | IIm7　V7 | IIm7　V7 | IV7M　V7 | VIm |

⁶| V7 | V7/I :‖ VIm　V7 | V7 | V7 | I ‖

1. VIm
2. (repeat to VIm V7 ...)

Exercício 75 [faixa 30]

f.　b.　d.　c.　e.　a.

Exercício 76 [faixa 31]

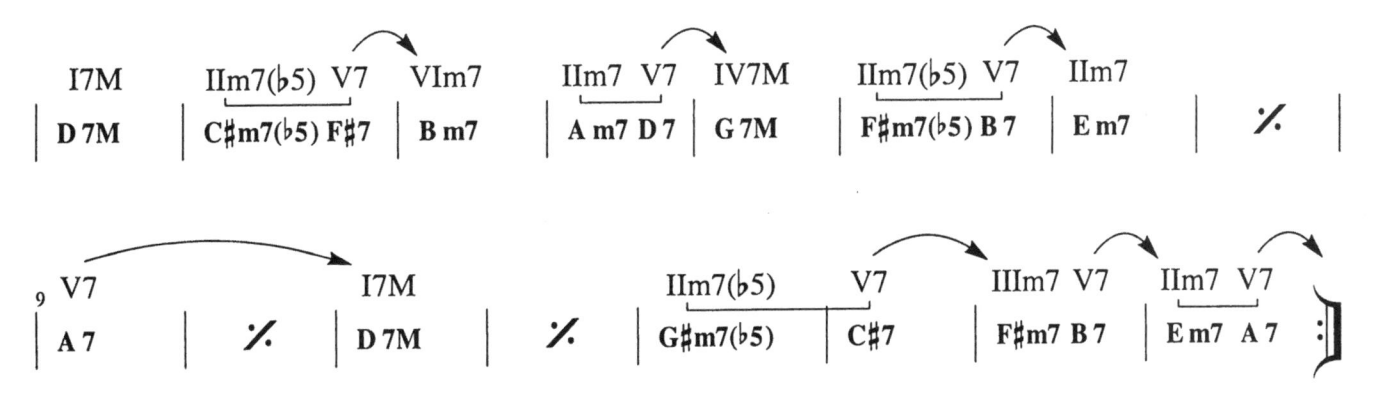

| I7M | IIm7(b5) V7 | VIm7 | IIm7 V7 | IV7M | IIm7(b5) V7 | IIm7 |
| D 7M | C#m7(b5) F#7 | B m7 | A m7 D 7 | G 7M | F#m7(b5) B 7 | E m7 | ⁒ |

⁹| V7 | | I7M | | IIm7(b5) | V7 | IIIm7 V7 | IIm7 V7 |
| A 7 | ⁒ | D 7M | ⁒ | G#m7(b5) | C#7 | F#m7 B 7 | E m7 A 7 :‖

Exercício 77

G 7M	G 6	F#m7	B 7	E m7
A 7	D m7	G 7	C 7M	C#m7(b5) F#7	B m7
E 7	A m7	D 7	B m7(b5)	E 7	A m7

[Partitura musical, compassos 18-27, com cifras:]

F#m7(b5) B7 | Em7 | E7 | Am7 | D7 | Bm7(b5) |
E7 | Am | D7 | G7M | G6 |

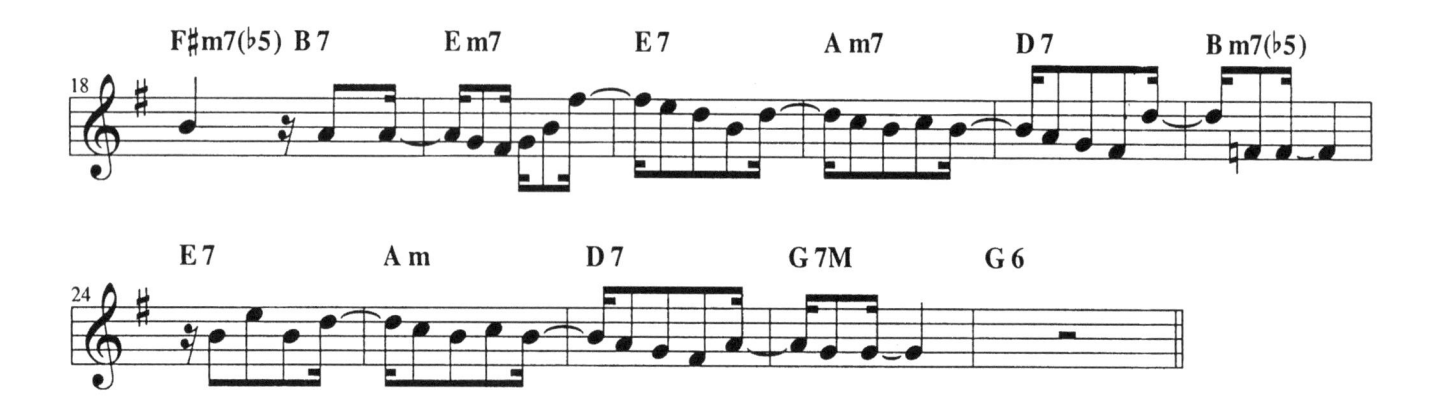

Exercício 78   a. C#°   b. F#°   c. E°   d. Eb7   e. Db7   f. F#7

Exercício 79

‖ C7M A7/C# | Dm7 B7/D# | Em7 C7/E | F7M D7/F# | G7 E7/G# | Am7 G7/B | C7M ‖

A nota lá vai para sib

Exercício 80   a. pas.   b. apr.   c. apr.   d. apr.   e. pas.   f. apr.

Exercício 81

a.
```
     I      #I°       IIm7   V7      I
‖    G      B°    |   Am7    D7  |   G    ‖
           [G#°]
```

b.
```
     I      bIII°     IIm7   V7      I
‖    A      A°    |   Bm7    E7  |   A    ‖
           [C°]
```

c.
```
     I      III°      IV7M   #I°     V7     VII°    I
‖    F      C°    |   Bb7M   A°  |   C7/G   G°  |   F    ‖
           [A°]       [F#°]        [E°]
```

Exercício 82

I7M	♯I°	IIm7	V7	IIm7	V7	I7M						♯VI°
A 7M	A♯°	B m7	E 7	B m7	E 7	A 7M	A 6	A 7M	A 6	A 7M	A 6	G°
	prep. pas.											ñ/prep. apr.

V7	V°	V7	I°	I7M	IIm7	V7	IV6		♯II°*		IIIm7
E 7/G♯	E°	E 7	A°	A 7M	E m7	A 7	D 6	⁄.	D♯°	⁄.	C♯m7
	ñ/prep. aux.		ñ/prep. aux.						[C°] prep.		

(14)

* caminho do baixo não classificado.

Exercício 83 [faixa 36]

a.

‖ D 7M   D♯° | E m7   A 7 | D 7M |
‖ I7M   ♯I° | IIm7   V7 → | I7M |
‖ G 7M   G♯° | A m7   D 7 | G 7M ‖

b.

‖ D 7M   F° | E m7   A 7 | D 7M |
‖ I7M   ♭III° | IIm7   V7 → | I7M |
‖ G 7M   B♭° | A m7   D 7 | G 7M ‖

c.

‖ D 7M | G 7M   G♯° | D 7M/A   A♯° | B m7   C♯° | D 7M |
‖ I7M | IV7M   ♯IV° | I7M   ♯V° | VIm7   VII° | I7M |
‖ G 7M | C 7M   C♯° | G 7M/D   D♯° | E m7   F♯° | G 7M ‖

d.

‖ D 7M | E m7   E♯° | F♯m7 | A 7   A° | A 7 | D 7M   D° | D 7M |
‖ I7M | IIm7   ♯II° | IIIm7 | V7   V° | V 7 | I7M   I° | I7M |
‖ G 7M | A m7   A♯° | B m7 | D 7   D° | D 7 | G 7M   G° | G 7M ‖

Exercício 84 [faixa 37]

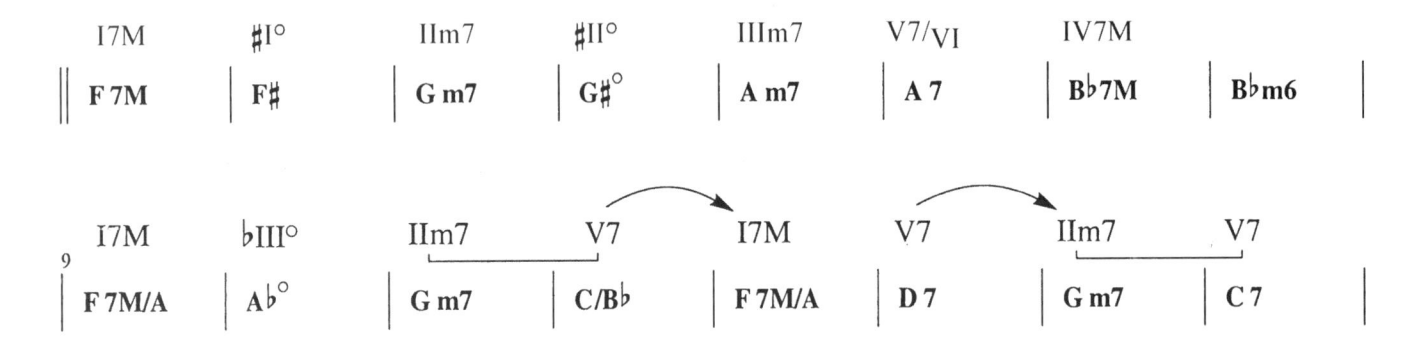

I7M	#I°	IIm7	#II°	IIIm7	V7/VI	IV7M	
F 7M	F#°	G m7	G#°	A m7	A 7	Bb7M	Bbm6

I7M	bIII°	IIm7 → V7	→ I7M	V7 →	IIm7	V7
F 7M/A	Ab°	G m7 / C/Bb	F 7M/A	D 7	G m7	C 7

Exercício 85

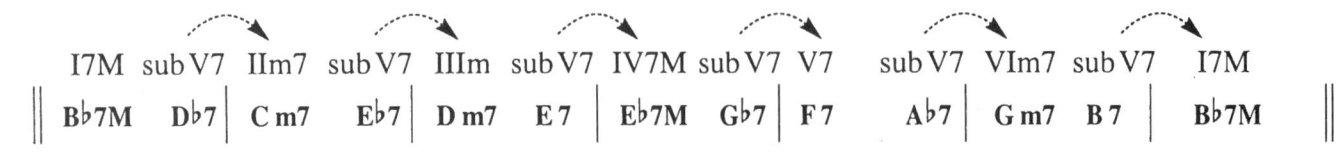

(notação musical em 3/4, tonalidade de Bb)

Compassos 1–6: Bb7M | Bb° | Bb7M | Bb7M/F | Bb/D | Db°

Compassos 7–12: C m7 | G 7 | Eb7M | E° | Bb/F | G 7

Compassos 13–18: C m7 | F 7 | D m7(b5) | G 7 | C m7 | C#°

Compassos 19–24: D m7 | G 7 | C m7 | F 7 | Bb6 |

Exercício 86

I7M	subV7 →	IIm7	subV7 →	IIIm	subV7 →	IV7M	subV7 →	V7	subV7 →	VIm7	subV7 →	I7M
Bb7M	Db7	C m7	Eb7	D m7	E 7	Eb7M	Gb7	F 7	Ab7	G m7	B 7	Bb7M

HARMONIA (MÉTODO PRÁTICO)

Exercício 88   a. B♭7   b. G7   c. G♭7   d. C7

Exercício 89   a. VI   b. I   c. IV   d. V

Exercício 90   a. mi   b. lá   c. si   d. ré♭

Exercício 91

‖ D 7M   C 7 | B m7   A♭7 | G 7M   G 7 | F♯m7   E♭7 | D 7M ‖

Exercício 92

| I7M ♯I° | IIm7 ♯II° | IIIm7 III° | IV7M ♯IV° | V7 ♯V° | VIm7 VII° | I7M sub V7 |

‖ A 7M   A♯° | B m7   C° | C♯m7   C♯° | D 7M   D♯° | E 7   F° | F♯m7   G♯° | A 7M   G 7 |
                [B♯°]   [E♯°]

| VIm7 sub V7 | V7 sub V7 | IV7M sub V7 | IIIm7 sub V7 | IIm7 sub V7 | I7M |

| F♯m7   F 7 | E 7   E♭7 | D 7M   D 7 | C♯m7   C 7 | B m7   B♭7 | A 7M ‖

Exercício 93

‖ E 7M | G♯m7(♭5) G 7 | F♯m7 | A♯m7(♭5) A 7 | G♯m7 | B m7   B♭7 | A 7M |

‖ C♯m7   C 7 | B 7 | D♯m7(♭5) D 7 | C♯m7 | F♯m7   F 7 | E 7M ‖

Exercício 94

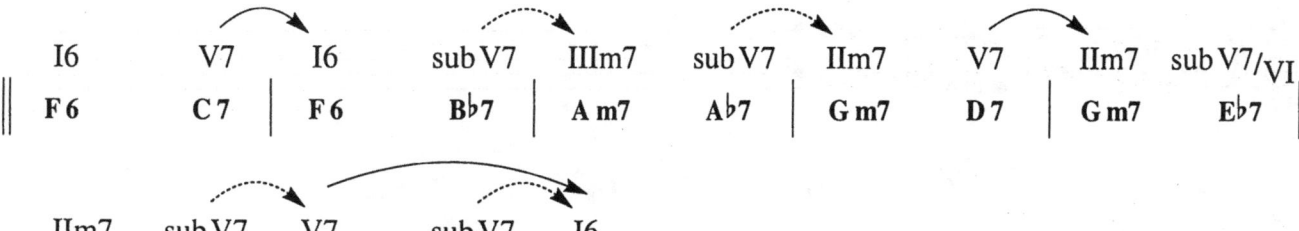

| I6 | V7   I6 | sub V7   IIIm7 | sub V7   IIm7 | V7   IIm7 | sub V7/VI |

‖ F 6 | C 7   F 6 | B♭7   A m7 | A♭7   G m7 | D 7   G m7 | E♭7 |

| IIm7 sub V7 | V7 sub V7 | I6 |

| G m7/D   D♭7 | C 7   G♭7 | F 6 |

Exercício 95 [faixa 41]

I7M	IIIm7 subV7	IIm7	I7M	IIm7(♭5) subV7	VIm7	V7	IIm7 subV7	I7M
C7M	Em7 E♭7	Dm7	C7M	Bm7(♭5) B♭7	Am7	A7	Dm7 D♭7	C7M

Exercício 96 [faixa 42]

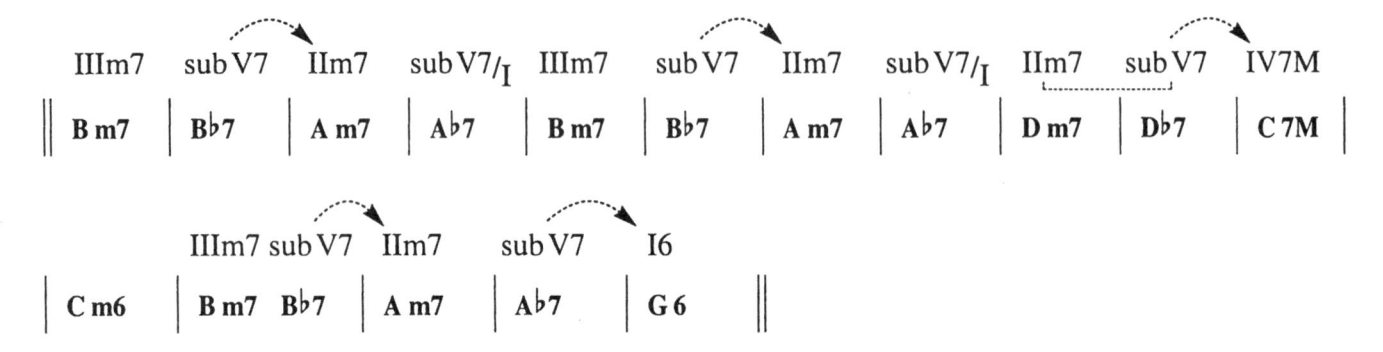

IIIm7 subV7	IIm7	subV7/I	IIIm7 subV7	IIm7	subV7/I	IIm7 subV7	IV7M
Bm7 B♭7	Am7	A♭7	Bm7 B♭7	Am7	A♭7	Dm7 D♭7	C7M

	IIIm7 subV7	IIm7	subV7	I6
Cm6	Bm7 B♭7	Am7	A♭7	G6

Exercício 97 [faixa 43]

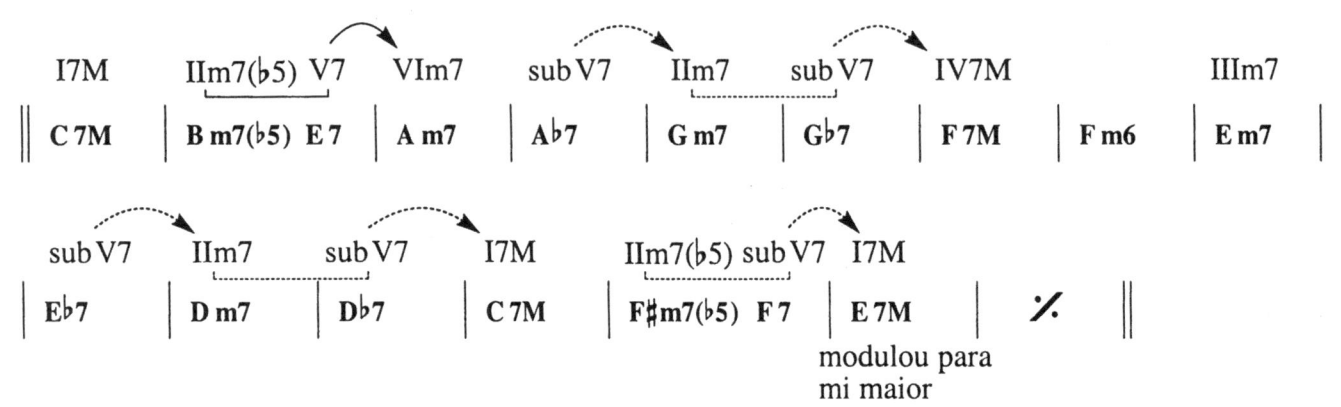

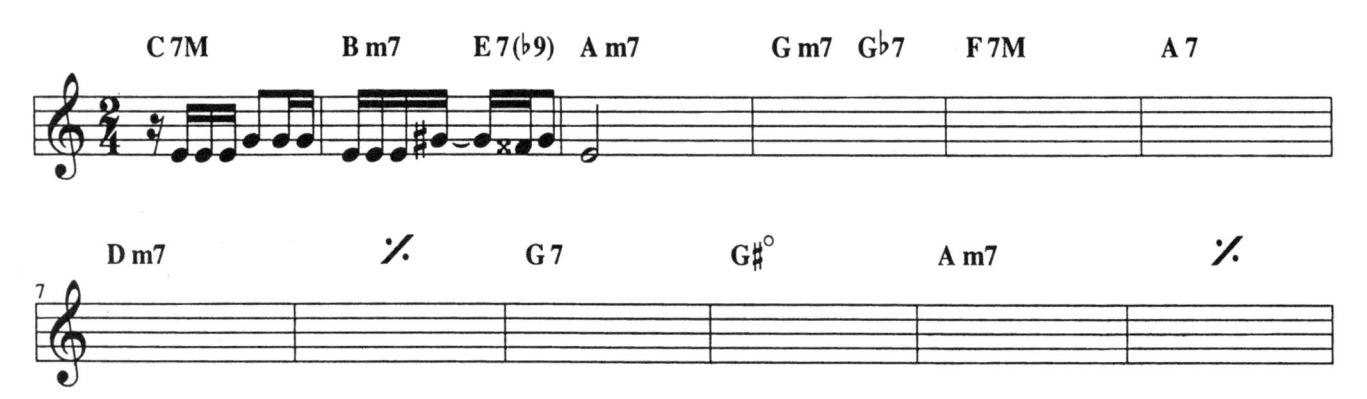

I7M	IIm7(♭5) V7	VIm7	subV7	IIm7	subV7	IV7M		IIIm7
C7M	Bm7(♭5) E7	Am7	A♭7	Gm7	G♭7	F7M	Fm6	Em7

subV7	IIm7	subV7	I7M	IIm7(♭5) subV7	I7M		
E♭7	Dm7	D♭7	C7M	F♯m7(♭5) F7	E7M	∕.	

modulou para mi maior

Exercício 98

C7M   Bm7 E7(♭9) Am7   Gm7 G♭7   F7M   A7

Dm7   ∕.   G7   G♯°   Am7   ∕.

| D7 | | D7 | E♭7 | D7 | | D7 | E♭7 | Dm7 | | G7 | |

| Gm7 | | C7 | | F7M | | A♭/G♭ | | C/G | A7 | Dm7 | F7 |

| E7 | | A7 | | D7 | | A♭7 | | G7 | | C6 | 𝄎 |

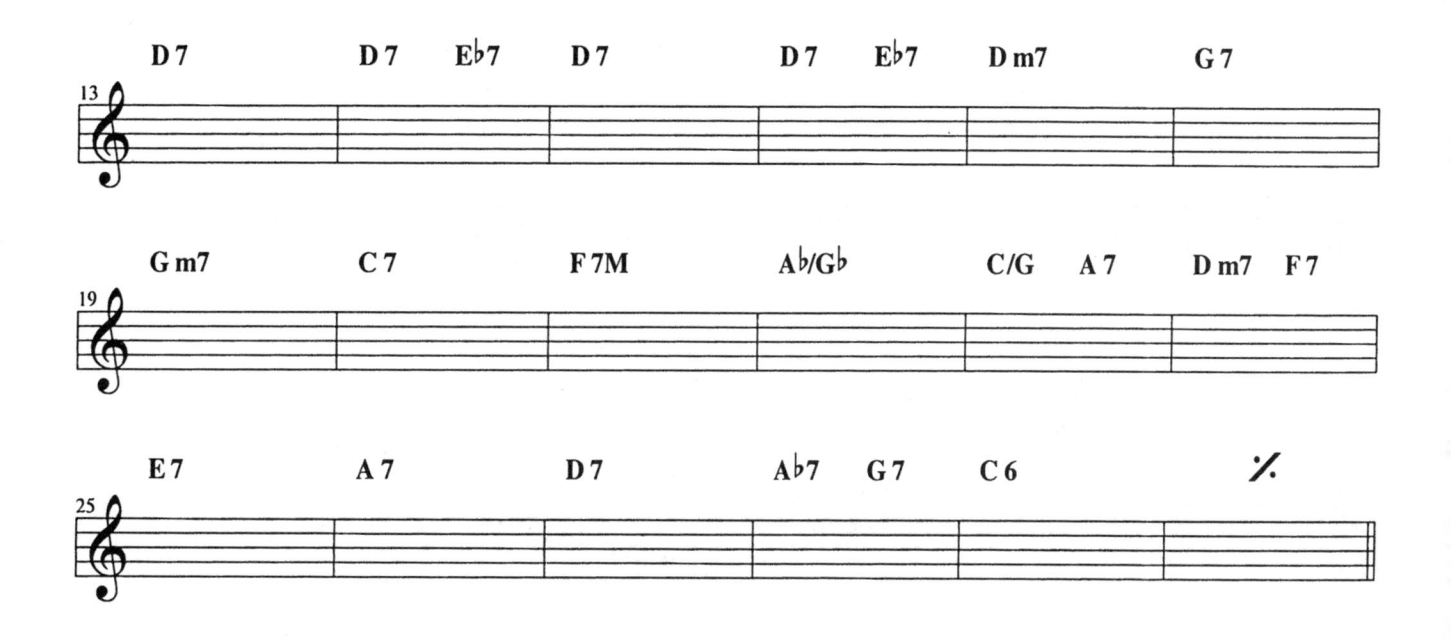

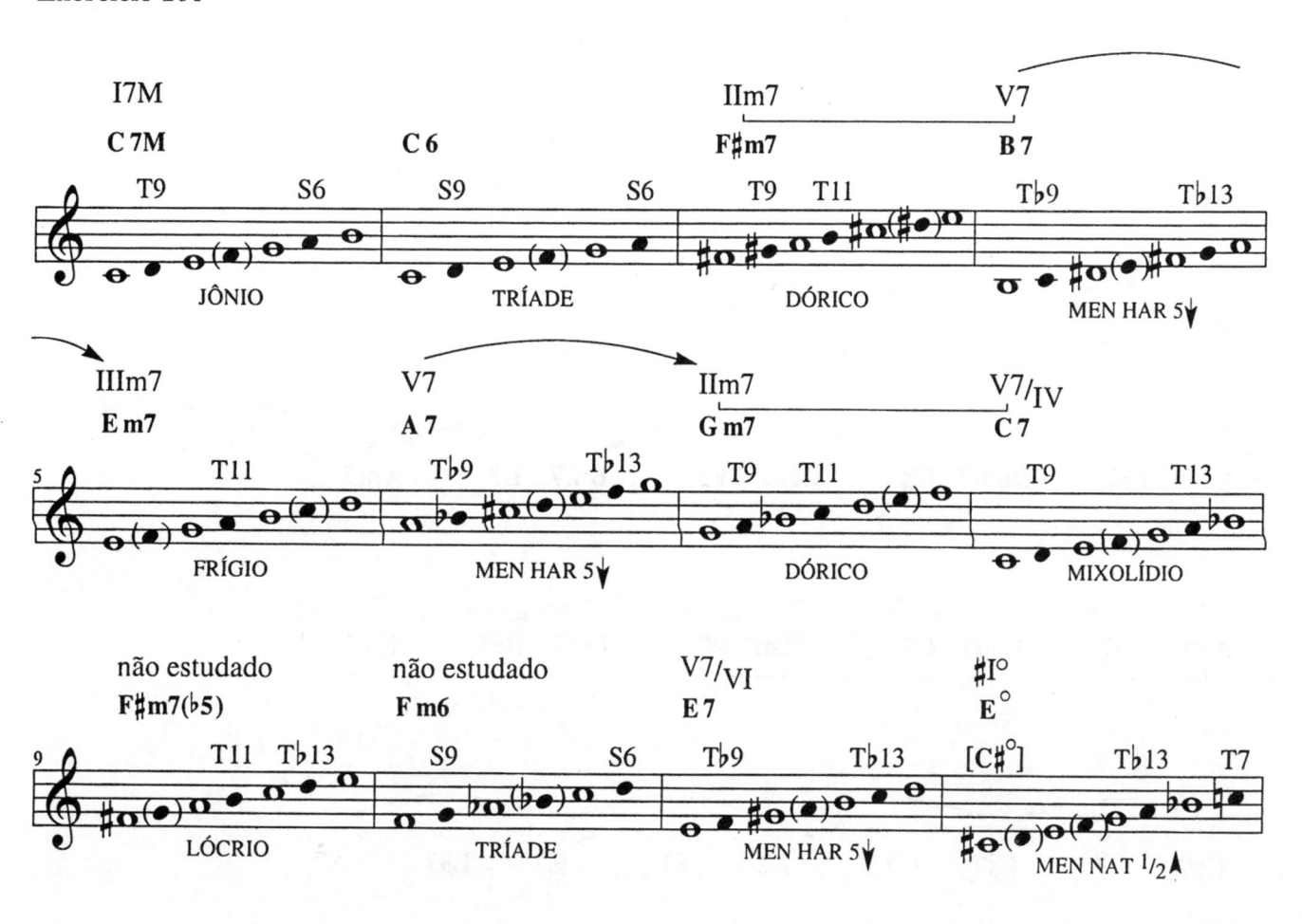

Exercício 100

I7M — **C 7M** — T9 S6 — JÔNIO

C 6 — S9 S6 — TRÍADE

IIm7 — **F#m7** — T9 T11 — DÓRICO

V7 — **B 7** — T♭9 T♭13 — MEN HAR 5↓

IIIm7 — **Em7** — T11 — FRÍGIO

V7 — **A 7** — T♭9 T♭13 — MEN HAR 5↓

IIm7 — **Gm7** — T9 T11 — DÓRICO

V7/IV — **C 7** — T9 T13 — MIXOLÍDIO

não estudado — **F#m7(♭5)** — T11 T♭13 — LÓCRIO

não estudado — **Fm6** — S9 S6 — TRÍADE

V7/VI — **E 7** — T♭9 T♭13 — MEN HAR 5↓

#I° — **E°** — [C#°] T♭13 T7 — MEN NAT ½↑

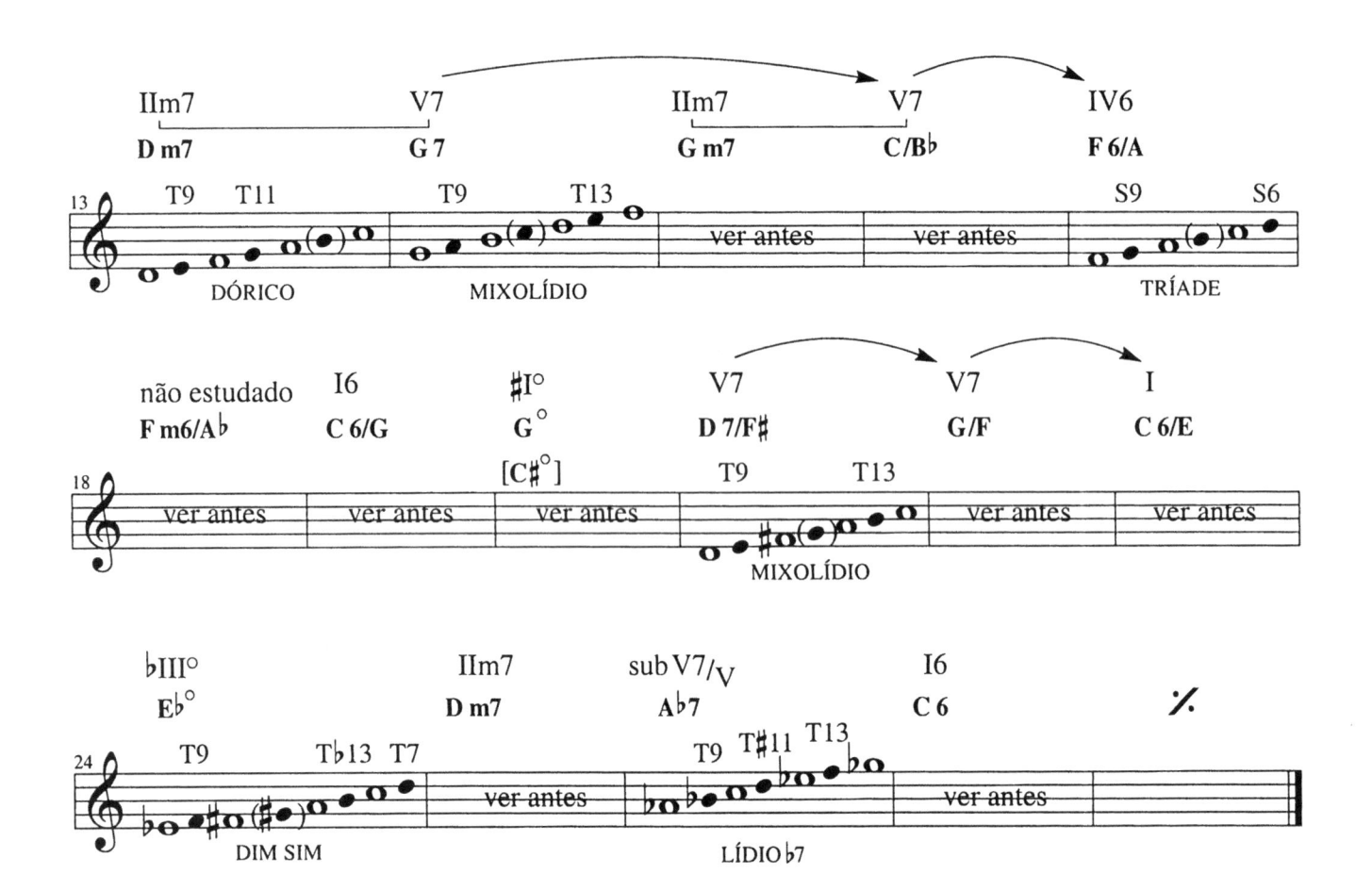

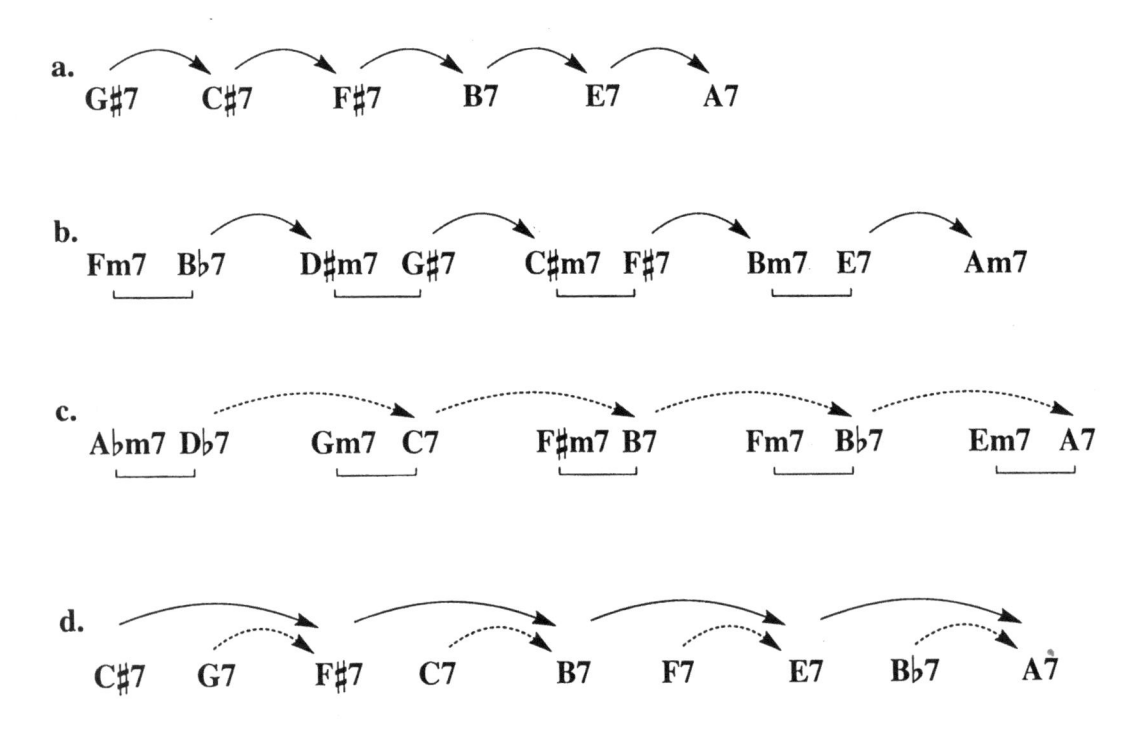

Exercício 101

a. G#7 → C#7 → F#7 → B7 → E7 → A7

b. Fm7 Bb7 → D#m7 G#7 → C#m7 F#7 → Bm7 E7 → Am7

c. Abm7 Db7 ⇢ Gm7 C7 ⇢ F#m7 B7 ⇢ Fm7 Bb7 ⇢ Em7 A7

d. C#7 G7 → F#7 C7 → B7 F7 → E7 Bb7 → A7

e.

G#m7 C#7   C#m7 F#7   F#m7 B7   Bm7 E7   Em7 A7

f.

Ab7 Db7   C7 F7   E7 A7

Exercício 102 faixa 46   3.   2.   4.   1.   7.   5.   8.   6.

Exercício 103

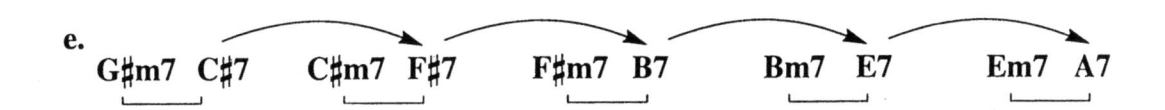

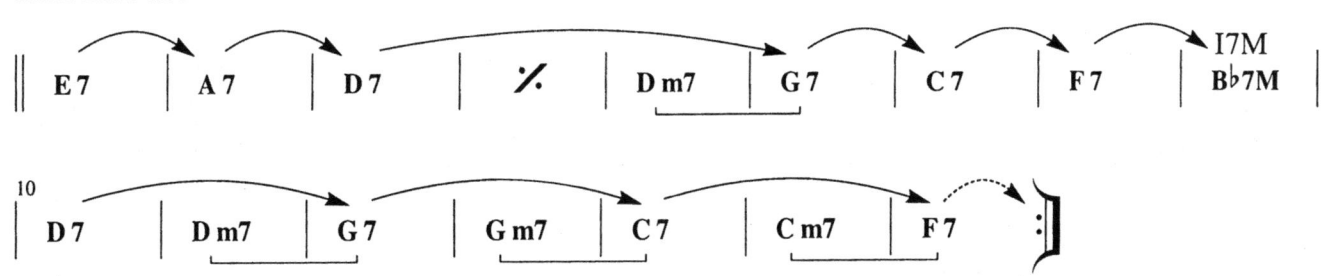

|| E7 | A7 | D7 | % | Dm7 G7 | C7 | F7 | Bb7M I7M |

10
| D7 | Dm7 | G7 | Gm7 | C7 | Cm7 | F7 :||

Exercício 104

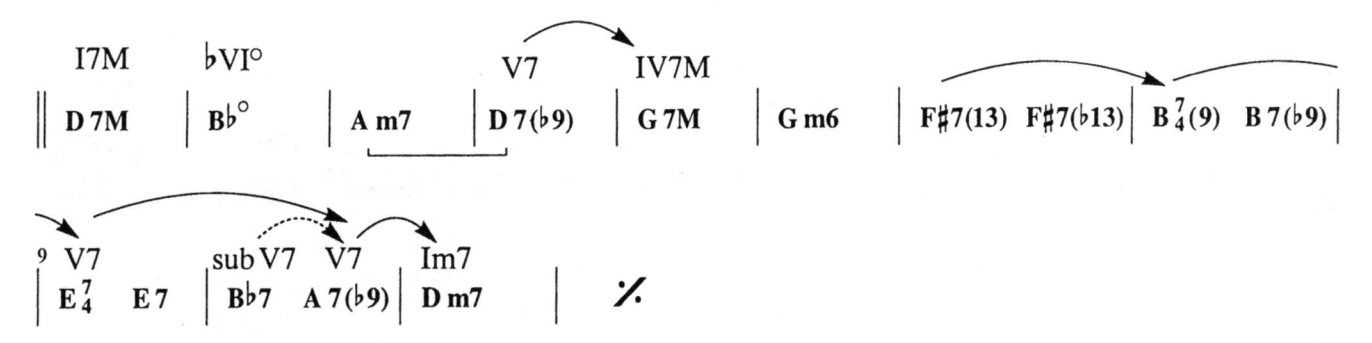

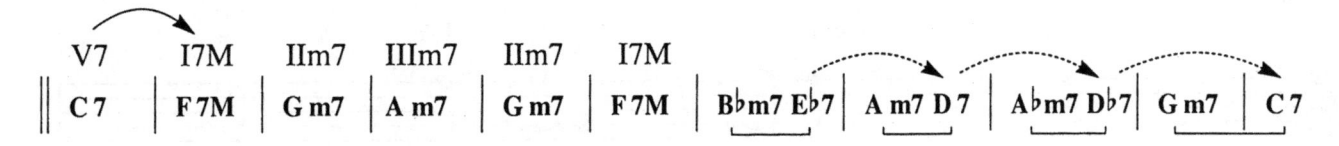

I7M   bVI°   V7   IV7M
|| D7M | Bb° | Am7 | D7(b9) | G7M | Gm6 | F#7(13) F#7(b13) | B$_4^7$(9) B7(b9) |

9 V7   subV7 V7   Im7
| E$_4^7$ E7 | Bb7 A7(b9) | Dm7 | % |

Exercício 105

V7   I7M   IIm7 IIIm7 IIm7 I7M
|| C7 | F7M | Gm7 | Am7 | Gm7 | F7M | Bbm7 Eb7 | Am7 D7 | Abm7 Db7 | Gm7 | C7 |

Exercício 106 [faixa 52]

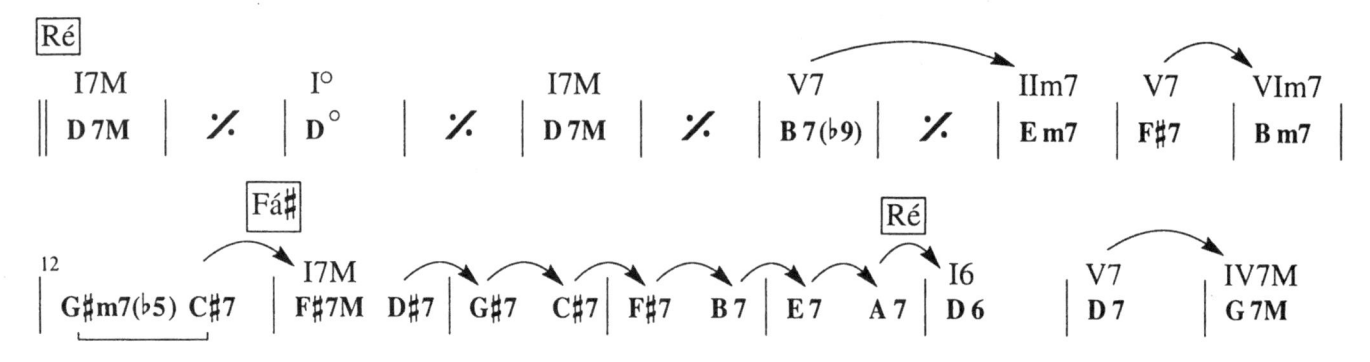

Ré

I7M		I°		I7M		V7		IIm7	V7	VIm7
D 7M	./.	D°	./.	D 7M	./.	B 7(♭9)	./.	E m7	F♯7	B m7

Fá♯ ... **Ré**

12 | G♯m7(♭5) C♯7 | I7M F♯7M D♯7 | G♯7 C♯7 | F♯7 B 7 | E 7 A 7 | I6 D 6 | V7 D 7 | IV7M G 7M |

Exercício 107

(Dm7 | G7 | C7M | | Gm7 | C7 | F6 | | Fm6 | | E7(13) | E7(♭13) | Em7 | A7(♭9) | D7 | G7/4 | G7 | Gm7 | C7(♭9) | F7M | | Fm6 | | E7 |)

Exercício 108 a. A♭6   b. C°   c. F7(♯11)   d. D♯°   e. Am7(♭5)   f. Am6   g. G♯°
                   h. A7(♭5)   i. B♭°   j. Bm7   k. B♭m6   l. Em7   m. D°   n. G7(♯11)
                   o. Bm7(♭5)   p. G°   q. G6   r. A♭7(♯11)

Exercício 109 a. Fm6   b. Fm6   c. Am6   d. Gm6   e. Cm6   f. B♭m6

Exercício 110 a. C♯7($^{♭9}_{♭13}$) G7(9)   b. A7($^{♭9}_{♭13}$) E♭7(9)   c. F♯7($^{♭9}_{♭13}$) C7(9)
                   d. D7($^{♭9}_{♭13}$) A♭7(9)   e. A♯7($^{♭9}_{♭13}$) E7(9)   f. G7($^{♭9}_{♭13}$) D♭7(9)

Exercício 111

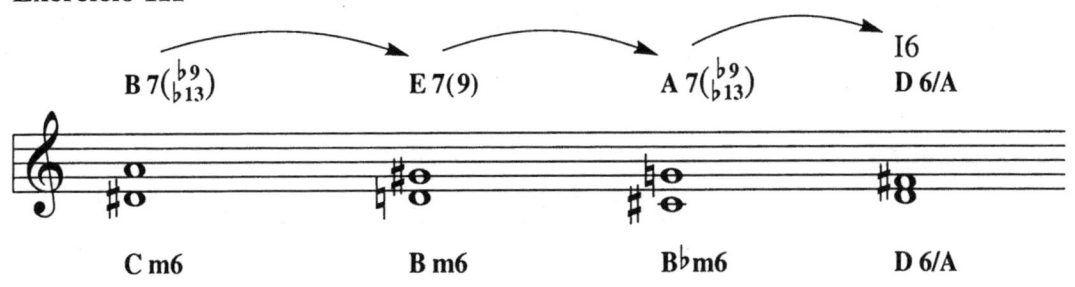

B7($^{♭9}_{♭13}$) → E7(9) → A7($^{♭9}_{♭13}$) → I6 / D6/A

Cm6   Bm6   B♭m6   D6/A

Exercício 112

Exercício 113

a.

b.

c.

Exercício 114

Exercício 115

a. mi menor   b. si♭ maior   c. sol♯ menor   d. lá maior   e. dó maior
f. fá menor   g. dó♯ menor   h. sol menor   i. ré♭ maior

Exercício 116

D7M(♯5) ♭III si menor / **D7M** ♭III si menor e ♭VI fá♯ menor / **D7** V sol menor, IV lá menor e ♭VII mi menor / **Dm(7M)** I ré menor / **Dm7** I ré menor e IV lá menor / **Dm7(♭5)** II dó menor / **D°** VII mi♭ menor

Exercício 118

Im6 — C m6 — MENOR MELÓDICO

1 T9 ♭3 T11 5 6

C m⁶₉   C m6(⁹₁₁)

Im(7M) — C m(7M) — MENOR MELÓDICO

1 T9 ♭3 T11 5 S6 T7

C m(⁷ᴹ₉)   C m(⁷ᴹ ⁹ ₁₁)

IIm7(♭5) — D m7(♭5) — LÓCRIO

1 ♭3 T11 ♭5 T♭13 ♭7

D m7(♭5 ₁₁)   D m7(♭5 ₁₁ ♭13)

♭III7M — E♭7M — JÔNIO

1 T9 3 5 S6 T7

E♭7M(9)

♭III7M(♯5) — E♭7M(♯5) — LÍDIO ♯5

1 T9 3 T♯11 T♯5 S6 T7

E♭7M(♯5 ₉)   E♭7M(♯5 ₉ ♯11)

IVm7 — F m7 — DÓRICO

1 T9 ♭3 T11 5 ♭7

F m7(9)   F m7(11)   F m7(⁹₁₁)

IVm6 — F m6 — DÓRICO

1 T9 ♭3 T11 5 6

F m⁶₉   F m6(⁹₁₁)

Exercício 119

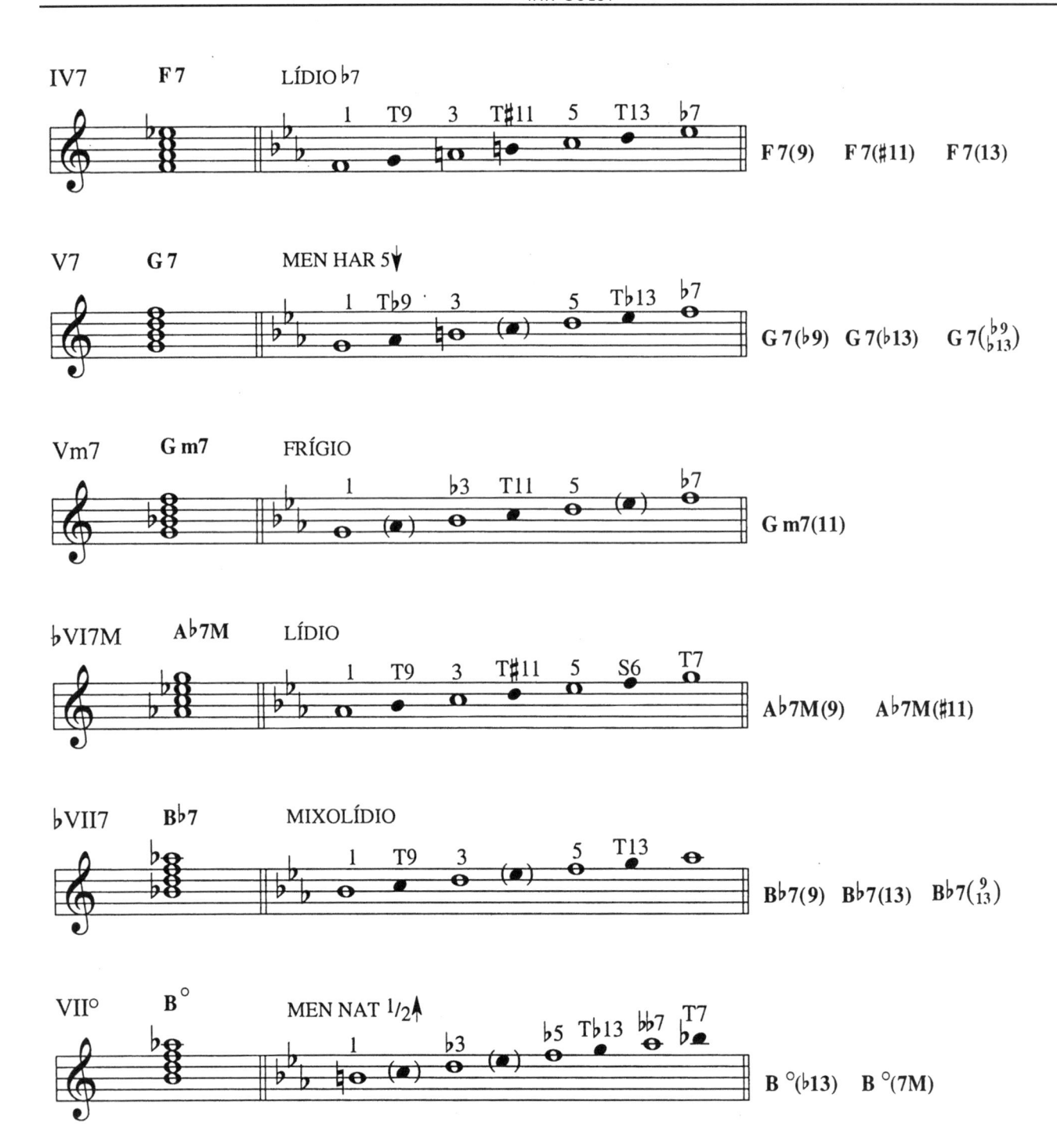

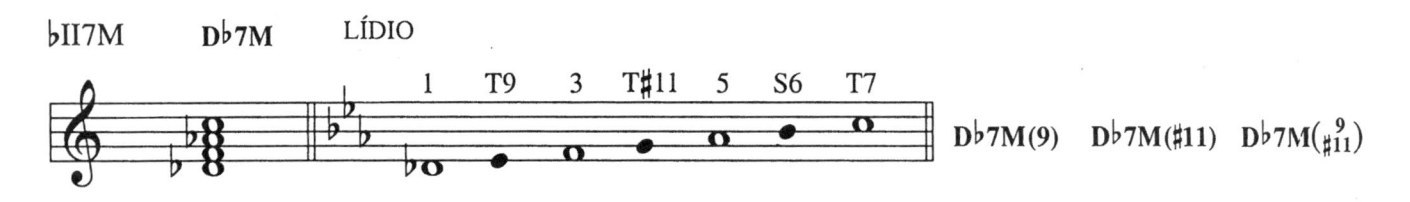

Exercício 120

a.
V7/IV   E7   MEN HAR 5♭

E7(♭9)   E7(♭13)   E7(♭9, ♭13)

b.
V7/♭III   A7   MIXOLÍDIO

A7(9)   A7(13)   A7(9,13)

c.
subV7/IV   D♭7   LÍDIO ♭7

D♭7(9)   D♭7(♯11)   D♭7(13)

d.
subV7/♭VI   A7   LÍDIO ♭7

A7(9)   A7(♯11)   A7(13)

e.
II°   B°   DIM SIM

B°(11)   B°(♭13)

f.
V°   C♯°   DIM SIM

C♯°(11)   C♯°(♭13)

g.
III°   F♯°   MEN MEL 1/2 ↑

F♯°(♭13)   F♯°(7M)

Exercício 121 a. ♭III7M(♯5) lídio ♯5   b. IVm7 dórico   c. Im7 eólio   d. ♭III7M jônio   e. ♭VI7M lídio   f. ♭VII7 mixolídio   g. IV7 lídio ♭7   h. V7/IV men har 5↓   i. subV7/♭VI lídio ♭7   j. V7 men har 5↓   k. V7/♭VI mixolídio   l. subV7/IV lídio ♭7   m. Im(7M) men mel   n. IVm6 dórico   o. Im6 men mel   p. VII° men nat ½↑   q. VI° dim sim   r. III° men nat ½↑   s. I° dim sim

Exercício 122

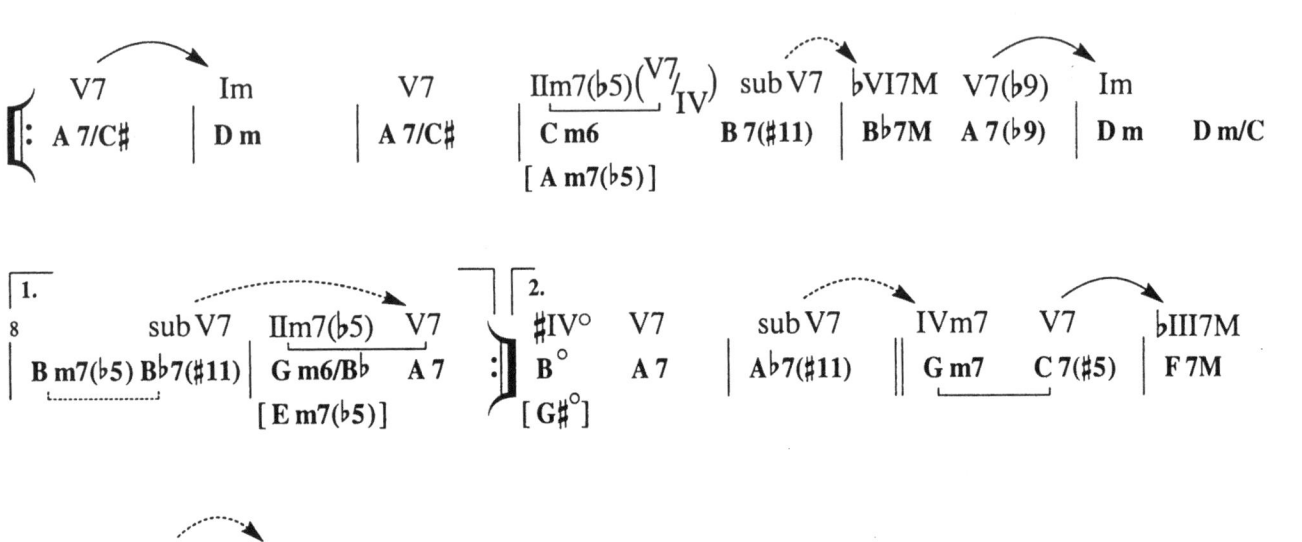

```
‖: V7           Im      | V7        | IIm7(♭5)(V7/IV)  subV7  ♭VI7M  V7(♭9)  Im
   A7/C♯        Dm      | A7/C♯     | Cm6              B7(♯11) B♭7M  A7(♭9) Dm    Dm/C |
                                      [Am7(♭5)]
```

```
|1.
 8         subV7          IIm7(♭5)   V7    :‖2. ♯IV°   V7   | subV7      | IVm7  V7     | ♭III7M
   Bm7(♭5) B♭7(♯11)     | Gm6/B♭    A7    |    B°     A7   | A♭7(♯11)  ‖ Gm7   C7(♯5) | F7M    |
                          [Em7(♭5)]             [G♯°]
```

```
14          subV7    ♭III7M
   Gm7      G♭7    | F7M    |
```

Exercício 123 [faixa 56]

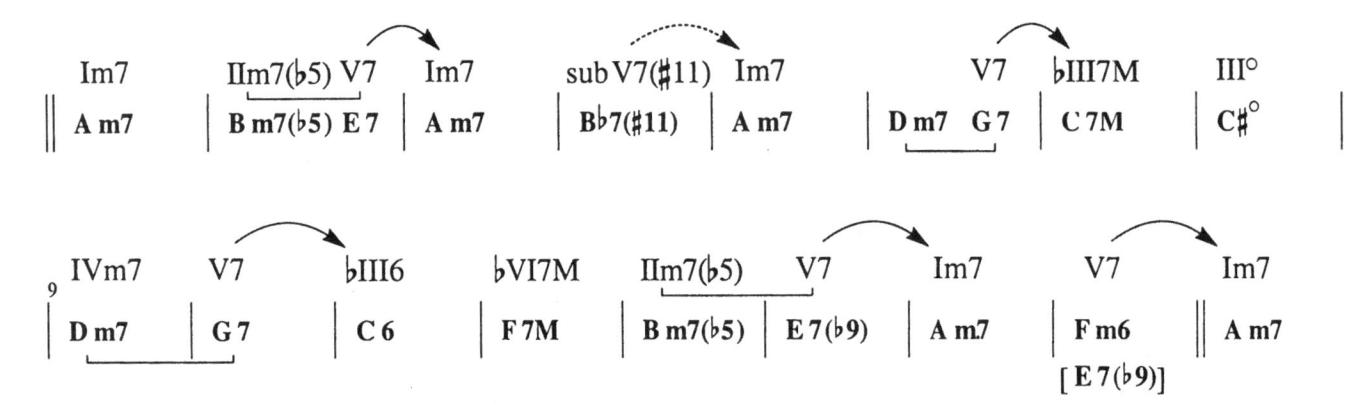

```
   Im7    | IIm7(♭5) V7  | Im7   | subV7(♯11) | Im7   | V7   ♭III7M | III°
‖  Am7   | Bm7(♭5)  E7  | Am7   | B♭7(♯11)   | Am7   | Dm7  G7  C7M | C♯°    |
```

```
 9 IVm7   V7   | ♭III6  | ♭VI7M | IIm7(♭5)  V7   | Im7  | V7    | Im7
   Dm7    G7   | C6     | F7M   | Bm7(♭5)   E7(♭9)| Am7  | Fm6  ‖ Am7
                                                             [E7(♭9)]
```

Exercício 124

FAIXAS DOS ÁUDIOS *(Link para download na página 163)*

Tríades diatônicas

- faixa 01 — **ex. 33** análise *Peixe vivo* 43
- faixa 02 — **ex. 34** percepção 44
- faixa 03 — **ex. 35** percepção 44
- faixa 04 — **ex. 36** percepção *Pirulito que bate, bate* 44
- faixa 05 — **ex. 37** harmonização *O cravo brigou com a rosa* 44

Tétrades diatônicas

- faixa 06 — **ex. 42** análise *Here's that rainy day* 47
- faixa 07 — **ex. 47** *Peixe vivo* 49
- faixa 08 — **ex. 48** análise *Eu não existo sem você* 49
- faixa 09 — **ex. 49** percepção 49
- faixa 10 — **ex. 50** percepção 49
- faixa 11 — **ex. 51** percepção *Felicidade* 50
- faixa 12 — **ex. 52** harmonização *A casa* 50

Dominante secundário

- faixa 13 — **ex. 61** análise *Que nem jiló* 54
- faixa 14 — **ex. 62** percepção 54
- faixa 15 — **ex. 64** percepção 55
- faixa 16 — **ex. 65** percepção *O ciúme* 55
- faixa 17 — **ex. 66** harmonização *Eu fui no Tororó* 56

Inversão e linha do baixo

- faixa 18 — **ex. 67** análise *Todo o sentimento* 57
- faixa 19 — **ex. 68** análise *Beatriz* 58
- faixas 20 a 22 — exemplo *Felicidade* 58
- faixa 23 — **ex. 69** percepção *A whiter shade of pale* 60
- faixa 24 — **ex. 70** percepção *Carinhoso* 61
- faixa 25 — **ex. 71** harmonização *Saudade de Itapoã* 61

II V secundário

- faixas 26 e 27 — exemplo *Sampa* 63
- faixa 28 — exemplo *Flor-de-lis* 64
- faixa 29 — **ex. 74** análise *Conversa de botequim* 65
- faixa 30 — **ex. 75** percepção 66

faixa 31 ex. **76** percepção *Se todos fossem iguais a você* 66
faixa 32 ex. **77** harmonização *Diz que fui por aí* 67

Diminutos

faixa 33 exemplo *Grau dez* 72
faixa 34 exemplo *Palpite infeliz* 75
faixa 35 ex. **82** análise *Rosa morena* 76
faixa 36 ex. **83** percepção 76
faixa 37 ex. **84** percepção *Este seu olhar* 76
faixa 38 ex. **85** harmonização *Eu sonhei que tu estavas tão linda* 77

Dominante substituto

faixa 39 exemplo *El día que me quieras* 83
faixa 40 ex. **94** análise *Chorou, chorou* 83
faixa 41 ex. **95** percepção 84
faixa 42 ex. **96** percepção *Samba de uma nota só* 84
faixa 43 ex. **97** percepção *Pecado original* 84
faixa 44 ex. **98** harmonização *Sampa* 85

Escalas de acordes

faixa 45 ex. **100** análise *Samba de Orly* 98

Dominantes estendidos

faixa 46 ex. **102** percepção 103
faixa 47 exemplo *De noite na cama* 105
faixa 48 exemplo *Triste* 106
faixa 49 ex. **103** análise *Amor até o fim* 107
faixa 50 ex. **104** análise *Wave* 107
faixa 51 ex. **105** análise *Estrada do sol* 108
faixa 52 ex. **106** percepção *Lamento* 108
faixa 53 ex. **107** harmonização *Tristeza* 109

Tom menor

faixa 54 exemplo *Luiza* 123
faixa 55 ex. **122** análise *Falando de amor* 124
faixa 56 ex. **123** percepção *Manhã de carnaval* 125
faixa 57 ex. **124** harmonização *Regra três* 126

ÍNDICE REMISSIVO

acidentes 14/I
acorde 26/I
acorde anti-relativo 60/II
acorde interpolado 65/I 101/I
acorde relativo 60/II
análise funcional 60/II
análise harmônica 41/I 39/II
armadura 25/I
bemol 14/I
bequadro 14/I
cadência 56/II
II cadencial 64/I
ciclo das quintas 24/I
cifra 26/I 39/II
colchete 62/I
colchete tracejado 82/I
complemento da cifra 26/I
contracanto, contraponto 56/I
cromático 41/I
diatônico 41/I
diminuto 68/I 96/I 34/II
diminuto auxiliar 71/I
diminuto de aproximação 70/I
diminuto de passagem 70/I
dominante 51/I 53/II
dominante alterado 26/II
dominante auxiliar 14/II
dominante diminuto 33/II
dominante disfarçado 112/I
dominante primário 52/I
dominante secundário 52/I 92/I
dominante sem função dominante 20/II
dominante substituto (sub V) 78/I 94/I
dominante substituto (sub V) secundário 80/I
dominante tons inteiros 31/II
dominantes estendidos 99/I
empréstimo modal (AEM) 11/II
enarmônico 20/I
encadeamento harmônico 42/I
escala 41/I
escala de acorde 86/I
escala geral 13/I
escala maior 18/I 41/I
escala menor 115/I

extensão harmônica 82/II
função dupla 82/I
função harmônica (ver harmonia funcional)
graus 41/I
harmonia 41/I
harmonia funcional 53/II
harmonização 45/I
interpolação (ver acorde interpolado)
intervalo 20/I
inversão aparente 110/I
inversão de acordes 31/I 56/I
inversão de intervalos 20/I
linha do baixo 56/I
marcha harmônica 60/I 103/II
marcha harmônica modulante 103/II
marcha melódica 59/I 103/II 105/II
meio-tom (ver semitom)
modulação 76/II 88/II
modulação convergente/divergente 89/II
modulação direta 90/II
modulação por acorde comum (pivô) 93/II
modulação transicional 103/II
música modal 36/I
música tonal 36/I
nota de acorde (n. a.) 86/I
nota de escala (S) 87/I
nota de tensão (T) 86/I
nota evitada (EV) 87/I
nota fundamental 26/I
notação aleatória 86/I
notas musicais 13/I
ponte harmônica 83/II
preparação 51/I 68/I
quarta suspensa (ver sus 4)
rearmonização 68/II
resolução 51/I 70/II
resolução indireta 65/I
retorno harmônico 83/II
ritmo harmônico 50/I
semitom 17/I
sensível 54/II
seta 52/I
seta tracejada 79/I
sinais de alteração (ver acidentes)

subdominante 53/II
sus 4 103/I
sustenido 14/I
tétrade 26/I 29/I
tom (ver tonalidade)
tom anti-relativo 88/II
tom homônimo 88/II
tom relativo 88/II
tom secundário 52/I
tom vizinho direto 88/II
tom vizinho indireto 88/II
tonalidade 17/I 41/I
tônica 19/I 41/I 53/II
tríade 26/I 27/I
tríade de estrutura superior (TES) 30/II
trítono 68/I 99/I
vocabulário harmônico 42/I

Arquivos de áudio *play-a-long* em MP3 estão disponíveis para *download* gratuito em:

vitale.com.br/downloads/audios/HEMP1.zip

ou através do escaneamento do código abaixo:

Obs.: Caso necessário, instale um software de descompactação de arquivos.

AGRADECIMENTOS

Obrigado ao time Lumiar, em destaque a Celinha, Júlio e Gilly pelas revisões e observações generosas e construtivas, salvação da lavoura. Obrigado ao Toninho Horta pelo seu parecer. Ah!, e obrigado ao sociólogo italiano Domenico di Masi pelo toque do ócio criativo; esbanjar tempo é a dica para alcançar a linha de chegada. E obrigado, antes de tudo, ao Almir, por ter colocado o projeto do livro em órbita.